ashley

Die Deutsche Bibliothek – CIP-Einheitsaufnahme
Ein Titeldatensatz für diese Publikation ist bei der Deutschen Bibliothek erhältlich.

Dieses Buch wurde auf chlorfreiem, umweltfreundlich hergestelltem Papier gedruckt.

Deutschsprachige Ausgabe 2005 by Panini Verlags GmbH,
Rotebühlstraße 87, 70178 Stuttgart
Dino ist ein Imprint der Panini Verlags GmbH.
Chefredaktion: Claudia Weber
Übersetzung: Bettina Frank und Rita Koppers
Lektorat: Ray Bookmiller
Gestaltung + Satz: tab visuelle kommunikation, Stuttgart
Druck: Panini S. p. A. Modena, Italien
ISBN: 3-8332-1328-0

www.mary-kateandashley.com
www.panini.de

mary-kateandashley™

DAS GROSSE FANBUCH

Dino

Inhalt

Hallo und Willkommen!

Hast du Lust auf jede Menge Spaß? Dann bist du hier genau richtig! Unser Buch steckt voller Tipps und Tricks: Wir verraten dir, wie du im Handumdrehen toll aussiehst, super drauf bist, neue Freunde findest und dich rundherum wohl fühlst! Und rate mal, was noch ... Wir haben alles selbst ausprobiert!

Außerdem haben wir viele coole Rätsel, Spiele und Psychotests für dich vorbereitet. Und als besondere Zugabe gibt's extra viel Lesespaß mit einer unserer absoluten Lieblingsstorys: *Ein unschlagbares Team* aus der TV-Serie *Ein Zwilling kommt selten allein*!

Wir finden dieses Buch super und hoffen, dass es dir genauso gefällt wie uns!

Love,

Alles über
Mary-Kate und Ashley

Hier erfährst du, was wir in den vergangenen Jahren so alles erlebt haben ...

1986
Wir wurden am 13. Juni 1986 geboren. Auf dem Foto links sind wir sechs Monate alt.

1987
Mit sieben Monaten, im Februar 1987, nahmen wir an unserem ersten Casting teil und bekamen die Rolle des Babys Michelle Tanner in der Sitcom *Full House*. Weil wir noch so klein waren, teilten wir uns die Rolle.

1992
Premiere! Während der Sommerferien drehten wir unseren ersten Fernsehfilm: *Kidnapping der Nervensägen*. Er wurde einer der erfolgreichsten Fernsehfilme des Jahres.

Außerdem war 1992 das Jahr, in dem Mary-Kate zum ersten Mal auf einem Pferd saß!

1993
Ein ganz schön anstrengendes Jahr! Im April erschien *Our First Video* – unser erstes Musikvideo. Und im November schlüpften wir unter dem Namen *Die Trenchcoat-Zwillinge* in die Rolle von zwei Detektivinnen. Die Abenteuer erschienen in einer neuen Video- und Buchreihe mit dem Titel *Die Abenteuer von Mary-Kate und Ashley*.

Außerdem war **1996** das Jahr, in dem wir bei Dreharbeiten in Florida fast gleichzeitig unsere Vorderzähne verloren!

1995
Unser erster Kinofilm *Eins und eins macht vier* wurde in Toronto gedreht. Der Film handelt von zwei völlig gleich aussehenden Mädchen, die zufällig aufeinander treffen. Sie hecken einen Plan aus und schaffen es, dass sich der Pflegevater des einen Mädchens in die Pflegemutter des anderen verliebt – so können sie für immer zusammenbleiben. Der Film wurde ein Riesenerfolg.

1996
Ein aufregendes Jahr! Gemeinsam mit der ganzen Familie machten wir Surfurlaub auf Hawaii und drehten dort gleichzeitig ein paar Videos.

1998
In diesem Jahr startete unsere TV-Serie *Ein Zwilling kommt selten allein*.

1999
Wir traten der Cheerleadergruppe unserer Schule bei. Außerdem erlebten wir beide in *Passport to Paris* unseren ersten Filmkuss!

2000
In England drehten wir *It takes Two – London, wir kommen!* Hier siehst du uns beim Shopping.

Außerdem war **2001** das Jahr, in dem unsere TV-Serie **So little Time** anlief.

2002
Trotz Dreharbeiten in Italien für den Film *Verliebt in Rom* blieb uns genügend Zeit, für die Highschool-Abschlussprüfungen und die College-Eignungstests zu büffeln. Obendrein machten wir beide den Führerschein.

2003
Wir spielten die Hauptrollen in dem Kinofilm *Ein verrückter Tag in New York*, den wir auch selbst produzierten.

2004
Wir zogen um nach New York. Außerdem gibt es seit diesem Jahr unsere Produkte auch in Deutschland!

2005
Seit diesem Jahr studieren wir an der New York University.

Mary-Kate und Ashley

von A bis Z

A Wir schreiben oft und gerne **Autogramme** für unsere Fans. Einmal versuchte ein Filmproduzent, Mary-Kate – mit einer Sonnenbrille und einem riesigen Hut verkleidet – an Fans vorbei auf den Filmset zu schmuggeln. Die Fans haben sie natürlich trotzdem erkannt!

B Happy **Birthday**: An unserem sechzehnten Geburtstag bekamen wir zwei Geburtstagskuchen, deren Dekoration wie ein Führerschein aussah – inklusive Passfotos!

C Beim Dreh von *Kidnapping der Nervensägen* verletzte sich Mary-Kate am Auge. Es war so rot, dass Ashley sich für eine gemeinsame Szene als Mary-Kate verkleidete und beide **Charaktere** spielte. Sind wir nicht ein perfektes Double?

D **Dancing Queen**: Ashley liebt Ballett über alles. Als sie mit dem New York City Ballet das Video *Ballet Party* drehen durfte, ging für sie ein großer Traum in Erfüllung.

E Beim Dreh zu Mary-Kate und Ashleys Geburtstagsparty mussten wir **extrem** viel Achterbahn fahren – ganze achtmal hintereinander! Danach war uns so schwindlig, dass wir kaum alleine aufstehen konnten.

F Was werden wir als Nächstes tun? Auf jeden Fall weiter aufs College gehen und **Filme** drehen. Und ansonsten? Wer weiß das schon!

G Mary-Kate gesteht: „Ich habe eine große Schwäche für **Gum**! Wenn mich keiner sieht, stopfe ich mir gleich fünf Kaugummis in den Mund!" Nun ja, niemand ist perfekt ...

H Auch Ashley hat eine große Schwäche – sie ist vernarrt in **Handtaschen**!

I Die Veränderungen im Leben spiegeln sich oft im **Inhalt** unserer Filme wider. So handelte beispielsweise der Film *Getting There* von Unabhängigkeit und einer Reise mit dem Auto, während wir beide im richtigen Leben gerade unseren Führerschein machten.

J Findest du nicht auch, dass wir die coolsten **Jobs** auf der ganzen Welt haben? Wir können reisen, viele neue Leute treffen und immer jede Menge Spaß haben!

K Als wir in London *It takes Two – London, wir kommen* drehten, besuchten wir auch Westminster Abbey. Dort sind die meisten **Könige** und Königinnen von England begraben. Ashley meint: „Es war sehr beeindruckend, in einer so bedeutenden Kirche zu sein."

L Mary-Kate erinnert sich noch gut an einen besonderen Abend, als sie und ihre Freunde mit einer **Limousine** in ein Restaurant gebracht wurden. Ashley meint dazu: „Ich fahre lieber selbst, als herumkutschiert zu werden."

M Thema **Make-up**: Wir lieben beide den natürlichen Look mit wenig Lipgloss, finden es aber auch toll, uns für besondere Gelegenheiten mal so richtig aufzustylen!

N Kaum zu glauben, aber wir werden immer noch **nervös**, wenn wir vor Publikum treten! Wir haben Lampenfieber – genau wie du, wenn du vor deiner Klasse eine Rede hältst.

O Ab und zu gibt es bei uns auch mal Meinungsverschiedenheiten – zum Beispiel, wenn wir beide dasselbe **Outfit** tragen wollen. Doch dann sprechen wir darüber und beschließen meistens, uns abzuwechseln.

P Bei den Dreharbeiten zu Die *Abenteuer von Mary-Kate und Ashley* mussten wir in einer Szene jede Menge Schokolade essen. Mary-Kate sagt: „Das war für mich das absolute **Paradies**!"

Q Es gibt immer wieder Gerüchte, dass wir keine Filme mehr drehen wollen. „So ein **Quatsch!**", meint Ashley. „Dafür lieben wir unseren Job zu sehr."

R Als sie noch klein war, versuchte Ashley, nach Kanada abzuhauen. Sie wollte dort auf ihrem Lieblingspferd **reiten** – zum Glück hat Dad sie noch erwischt, als sie beim Packen war!

S Während der Dreharbeiten zu *Passport to Paris* haben wir in einem Restaurant **Schnecken** bestellt. Die gelten in Frankreich nämlich als Delikatesse. Ashley fand sie „très bon" (sehr lecker), aber Mary-Kates Urteil lautete: „Igitt!"

T Wir werden oft gefragt, wie es ist, ein Zwilling zu sein. Unsere einstimmige Antwort: „Einfach **toll!**"

U Echte **Unikate**: Wir sind die einzigen Teenager, die jemals eine eigene Fernsehserie produziert und gleichzeitig die Hauptrollen gespielt haben, und zwar in *So Little Time*!

V Auf dem australischen Set von *Top Secret – Zwei Plappermäuler in Australien* spielten wir ein paar Szenen mit einem Känguru namens **Vince**. Es war so niedlich, dass wir es am liebsten mit nach Hause genommen hätten!

W Im Film *The Challenge – Eine echte Herausforderung* musste Mary-Kate einen **Wurm** verspeisen! Es war zwar nur ein brauner Gummiwurm, aber sie musste ihn aus einem Teller voller echter Würmer herausfischen – ganz schön mutig, oder?

X **XXX**: Bei den Dreharbeiten zu *Passport to Paris* mussten wir das erste Mal vor 50 Leuten und laufender Kamera jemanden küssen. Nicht besonders romantisch ...

Y Wir lieben beide **Yoga**. Versuch's doch auch mal – eine prima Möglichkeit, um fit zu bleiben!

Z Zzz ... Ashley ist eine totale Langschläferin, während Mary-Kate am liebsten früh aufsteht – sogar **Zwillinge** können grundverschieden sein!

Schönes Haar mit
Mary-Kate und Ashley

Unzufrieden mit deiner Frisur? Mit diesem Ratgeber verschwinden deine Sorgen garantiert! Hier findest du den perfekten Look für dich und Tipps für lästige Haarprobleme.

Und so funktioniert's: Einfach ankreuzen, was am ehesten auf dich zutrifft. Und am Schluss checken, welche Farbe du am häufigsten gewählt hast. So erfährst du, welchen Haartyp du hast.

- ☆ **Normalerweise ist mein Haar glänzend.**
- ☆ **An manchen Tagen sind meine Haare total strohig.**
- ☆ **Ich muss meine Haare zwei bis dreimal pro Woche waschen.**
- ☆ **Wenn meine Haare nicht frisch gewaschen sind, werden sie schnell strähnig.**
- ☆ **Ab und zu rutschen Haarklammern und Haargummis einfach aus meinem Haar heraus.**
- ☆ **Manchmal ist mein Haar knotig und kraus.**
- ☆ **Hilfe! Ich habe Schuppen!**
- ☆ **Normalerweise kann ich einen Kamm durch die Haare ziehen, ohne auf Knoten zu stoßen.**
- ☆ **Wenn ich mein Haar nicht alle zwei Tage wasche, wird es fettig.**
- ☆ **Ich habe gespaltene Haarspitzen.**
- ☆ **An manchen Tagen hängen meine Haare kraftlos herunter.**
- ☆ **Egal, ob ich mein Haar offen oder nach hinten gebunden trage, es fühlt sich immer gut an.**

Überwiegend Grün

Deine Haare fetten schnell nach. Ganz schön nervig, wenn sie schon nach kurzer Zeit wieder aussehen, als müssten sie dringend gewaschen werden! Aber keine Sorge, du kannst eine Menge dagegen unternehmen, ohne gleich einen Hut tragen zu müssen! Auf der nächsten Seite findest du ein paar tolle Tipps, die dir garantiert helfen werden.

Überwiegend Gelb

Du hast sprödes Haar, das viel Pflege benötigt, um gesund und glänzend auszusehen. Auf keinen Fall solltest du es mit heißer Fönluft strapazieren. Lass es lieber so oft wie möglich an der Luft trocknen.

Überwiegend Pink

Du Glückliche! Deine Haare sind problemlos, und du musst nicht viel Aufwand betreiben, damit sie gut aussehen. Schau dir dennoch mal unsere Tipps und Tricks an. Dann bleibt dein Haar immer gut in Form!

Wusstest du, dass …

ein Mensch zwischen 50 und 100 Haare am Tag verliert?

Einfach haarscharf!

- ✔ Um dein feuchtes Haar zu entwirren, solltest du einen grobzinkigen Kamm verwenden, sonst kann es böse ziepen!
- ✔ Lass dein Haar regelmäßig nachschneiden – nur so kannst du Spliss vorbeugen.
- ✔ Löse Haargummis und Haarspangen vorsichtig aus deiner Frisur, wenn du keine ausgerissenen Strähnen riskieren willst.

Tolle Tipps für tolles Haar

Damit dein Körper schönes Haar produzieren kann, braucht er Vitamine und Mineralien – du solltest also täglich Obst und Gemüse essen!

Massiere deine Kopfhaut zweimal pro Woche mit sanften, kreisenden Bewegungen. Schon ein paar Minuten genügen, damit die Durchblutung angeregt wird.

Nach dem Schwimmen (egal, ob am Meer oder im Schwimmbad) solltest du dein Haar gründlich waschen – Salz und Chlor sind echte Glanzkiller!

Föne immer auf der niedrigsten Stufe! Heiße Luft macht deine Haare spröde und brüchig.

Nie ohne Sonnenhut in die Sonne gehen – dein Haar kann nämlich genau wie deine Haut verbrennen!

Teile nie deine Haarbürsten, Kämme und deinen Haarschmuck! Auch wenn du deine Freundinnen noch so sehr magst – manche Dinge sind einfach zu persönlich, um sie zu teilen!

Es stimmt: Sport tut auch deinen Haaren gut. Denn dabei wird die Durchblutung verbessert, was wiederum das Haarwachstum anregt.

Kräftiges Rubbeln schadet dem Haar! Wickle lieber ein Handtuch um dein nasses Haar und drücke es vorsichtig trocken – das ist viel schonender.

Wusstest du, dass …

ein Haar zwei bis sechs Jahre lang wächst, bevor es ausfällt?

Wusstest du, dass …

Haare etwa einen halben Millimeter am Tag wachsen? Im Sommer sogar noch mehr!

Einfach haarsträubend!

- ✘ Verwende niemals Haushaltsgummis für deine Frisuren – darunter brechen deine Haare ganz schnell ab.
- ✘ Nasse Haare solltest du nicht bürsten, denn die sind besonders empfindlich.
- ✘ Trage deine Haare niemals ganz fest nach hinten gebunden. Das tut nicht nur weh, sondern lässt das Haar auch schnell reißen.

Ein Zwilling kommt selten allein

Ein unschlagbares Team

von Judy Katschke

nach dem TV-Skript von
Robert Griffard & Howard Adler

1. Kapitel

„Nur noch vierundzwanzig Stunden", brummelte Mary-Kate Burke, als sie die Rolltreppe im Einkaufszentrum hochfuhr. Sie schaute auf die Datumsanzeige ihrer Uhr und wünschte, es wäre einen Monat später.

Ihre Zwillingsschwester Ashley tippte ihr auf die Schulter. „Hast du was gesagt?"

„Die Stunden der Freiheit sind gezählt", erklärte Mary-Kate. „Macht dir das denn gar nichts aus?"

Ashley blies ihre blonden Ponyfransen aus den Augen. „Mary-Kate, heute ist nur der letzte Tag der Sommerferien. Nicht das Ende der Welt."

„Ach, wirklich? Na ja, für mich schon", murrte Mary-Kate. „Ich freue mich nicht auf die siebte Klasse. Und besonders nicht auf Miss Tandy. Ich habe gehört, sie soll die ekligste Lehrerin in ganz Chicago sein!"

Sie warf einen Blick über die Schulter zu ihrem Vater Kevin Burke, der ein paar Stufen hinter ihnen auf der Rolltreppe stand.

„Okay, Mädchen", sagte er, als sie oben ankamen. „Wir hatten unsere Trinkjogurts und Tacos mit Hühnchen. Jetzt habt ihr genau eine Stunde, um eure Outfits fürs neue Schuljahr auszusuchen."

„Wie wär's mit einer Gefängnisuniform?", murmelte Mary-Kate.

„Nee", sagte Ashley. Sie schaute Mary-Kate von oben bis unten an. „Orange ist nicht unbedingt deine Farbe."

„Haha." Mary-Kate zupfte an ihrem übergroßen T-Shirt. Sie hasste shoppen. Außer es ging um Baseballmützen, Knieschützer, Turnschuhe ...

„Endlich da", schwärmte Ashley, als sie das Kaufhaus *Bailey's* betraten. Sie steuerten auf eine Abteilung zu, die voll war mit engen schwarzen Jeans, bunten Pullis und T-Shirts. „Das ist das Paradies für mich – die Mädchenabteilung!"

Mary-Kate stöhnte, als sie überall die Schilder mit der Aufschrift *Schul-Outfits* sah.

„Hey, Mädchen", sagte Kevin. Er hielt ein rosafarbenes Kleid mit großen blauen Tupfen und einem weißen Kragen hoch. „Wie wär's denn damit?"

Mary-Kate verdrehte die Augen. Sie war zwar nicht besonders interessiert an Mode, doch selbst sie würde sagen, dass der Geschmack ihres Dads in puncto Kleidung ... nun ja, ein bisschen von vorgestern war.

„Dad, bitte", flüsterte Ashley. Sie sah sich verstohlen um, weil sie sichergehen wollte, dass niemand schaute. „Wir sind elf Jahre alt. Wir gehen in die siebte Klasse. Und nicht mehr in die Vorschule."

„Genau", stimmte Mary-Kate zu. „Denk doch mal an unseren Ruf."

Kevin zuckte mit den Schultern, während er das rosafarbene Kleid zurück an die Stange hängte. „Als ich in der siebten Klasse war, haben die Mädchen so etwas getragen."

„Sie hatten damals ja auch Dinosaurier als Haustiere", schoss Mary-Kate zurück.

Kevin schüttelte den Kopf. „Unmöglich. Die Dinosaurier sind ausgestorben, lange bevor der erste Mensch auftauchte ..."

„Oje." Ashley seufzte. „Jetzt kommt Vortrag Nummer 5053."

Mary-Kate grinste. „Gibt's sonst noch was Neues?" Einen Hochschullehrer als Dad zu haben, das brachte jede Menge Vorträge mit sich. Vorträge während des Frühstücks, während des Abendessens oder einer Autofahrt – selbst dann, wenn man gerade den Abfall nach draußen brachte!

„Dad." Ashley unterbrach ihren Vater, der immer noch irgendetwas über Dinosaurier erzählte. Sie deutete auf eine Stuhlreihe bei den Rolltreppen. „Warum setzt du dich nicht zu den anderen gelangweilten Vätern, während Mary-Kate und ich ein paar Sachen anprobieren?"

„Keine schlechte Idee", meinte Kevin. Er presste die Hände gegeneinander. „Aber bitte nur ein Outfit pro Kopf. Ich muss immer noch die Kreditkartenrechnung vom letzten Mal bezahlen, als ihr einkaufen wart."

„Beruhige dich, Dad", sagte Mary-Kate. „Ich brauch nur neue Jeans. Und vielleicht ein paar neue Stollen für meine Baseballschuhe."

„Was dich betrifft ist das vielleicht so", sagte Ashley augenzwinkernd. Sie wartete, bis Kevin endlich weg war. Dann nahm sie Mary-Kates Arm.

„Alles startklar", flüsterte sie. „Wir fangen bei den Sportsachen an und kämpfen uns dann zu den Partykleidern vor – nur für den Fall, dass wir dieses Jahr echt beliebt sein sollten!"

Seufzend beobachtete Mary-Kate, wie Ashley zu einem Tisch mit jeder Menge Pullis schlenderte. Ihre hübschen weißen Shorts und die Baumwollstrickjacke zeigten es nur allzu deutlich: Wenn es um Kleidung ging, war Ashley voll in ihrem Element!

„Welcher gefällt dir besser?", rief Ashley und hielt zwei Pullis hoch. „Der graue oder der rote? Ich glaube, der graue bringt unsere blauen Augen besser zur Geltung – aber der rote sieht toll aus zu blonden Haaren."

„Mir egal. Hauptsache er kratzt nicht", sagte Mary-Kate und stellte sich neben ihre Schwester an den Tisch mit den Pullis.

Ashley verdrehte die Augen. „Wie kann es nur sein, dass wir Zwillinge sind und trotzdem einen total unterschiedlichen Geschmack haben?", wollte sie wissen.

„Na ja, wir sind ja keine eineiigen Zwillinge", stellte Mary-Kate klar. „Auch wenn viele Leute Schwierigkeiten haben, uns auseinander zu halten."

Ashley warf die Pullis zurück auf den Tisch.

„Warum bin ich die Einzige in der Familie, die gern shoppen geht?"

„Mom ging wahnsinnig gern shoppen", sagte Mary-Kate. „Weißt du noch?"

Ein trauriges Lächeln huschte über Ashleys Gesicht. „Na klar, Mom hat immer gesagt, wenn sie nur noch einen Tag zu leben hätte, würde sie ihn im Einkaufszentrum verbringen."

Mary-Kate kicherte, doch innerlich war sie jetzt traurig.

Ihre Mom hatte ihren letzten Tag nicht im Einkaufszentrum verbracht. Sie war im Krankenhaus gewesen. Die Zwillinge waren gerade acht, als sie starb – doch Mary-Kate erinnerte sich an jede Einzelheit, als ob es gestern gewesen wäre.

„Mom war immer so lustig", sagte Mary-Kate. „Ich vermisse sie sehr."

„Ich auch", sagte Ashley. „Dad ist zwar super, aber er ist eben keine Mom."

Mary-Kate nickte. Seitdem ihre Mutter tot war, hatte Kevin sich alle Mühe gegeben, ihnen Mutter und Vater zugleich zu sein. Tatsache war, dass er es manchmal etwas übertrieb.

Ashley hatte sich inzwischen wieder den Pullis auf dem Tisch zugewandt. Mary-Kate machte große Augen. Der Berg Pullover auf Ashleys Armen ging ihr schon fast bis zum Kinn!

„Okay", rief Ashley. „Ich bin so weit. Was willst du denn anprobieren, Mary-Kate?"

„Ich will eine Jacke in Übergröße, mit dem Abzeichen der *Cubs* hinten drauf", entschied Mary-Kate.

„Die hab ich hier allerdings noch nicht gesehen", sagte Ashley.

„Weil es die in dieser Abteilung nicht gibt", meinte Mary-Kate. „Sie sind in der Jungenabteilung. Also, nichts wie hin."

„In die Jungenabteilung?" Ashley schnappte nach Luft. „Das kannst du doch nicht machen."

„Warum nicht?", wollte Mary-Kate wissen und steuerte auf den Ausgang der Mädchenabteilung zu. „Nur weil ich ein Mädchen bin, heißt das noch lange nicht, dass ich mich komplett wie eine Prinzessin anziehen muss."

„Moment mal, Mary-Kate!", rief Ashley. „Du gehst nicht in die Umkleidekabine der Jungs ... Und außerdem, ich zieh mich nicht an wie eine Prinzessin!"

Mary-Kate warf einen Blick über die Schulter und lachte. Ashley versuchte verzweifelt, den Berg Pullis zu balancieren, während sie ihr hinterherrannte.

Als Mary-Kate die Jungenabteilung erreichte, entdeckte sie zwei Jungs aus ihrer Schule: Michael Cruz und einen Typen mit hellbraunen Haaren. *Er hat irgendeinen seltsamen Spitznamen,* dachte Mary-Kate. *Irgendwas wie Hokey ... oder Dopey ... oder ...*

In diesem Augenblick tauchte Ashley hinter ihr auf. Sie war völlig außer Atem.

„Pokey", erinnerte sich Mary-Kate laut. „Pokey Valentine."

Ashley keuchte. „Wie bitte?"

„Der Typ da hinten bei den Socken", erklärte Mary-Kate. „Pokey Valentine. Er ist dieses Jahr in unserer Klasse."

Ashleys Kopf schnellte zur Seite. Verstohlen schaute sie zu Pokey. Dann versteckte sie sich hinter ihrem Berg Pullis. Sie war knallrot geworden.

„Pokey Valentine?", flüsterte sie.

Mary-Kate starrte ihre Schwester an. „Was hast du denn? Warum führst du dich auf wie eine Irre?"

„Tu ich doch gar nicht!", protestierte Ashley.

„Egal." Mary-Kate fischte sich eine Baseballmütze von einem Ständer. Als sie die Mütze aufprobierte, spürte sie, dass Ashley ihr einen Finger in die Schulter bohrte.

„Bist du sicher, dass Pokey Valentine dieses Jahr in unserer Klasse ist?", fragte Ashley leise. „Wer hat dir das gesagt? Woher weißt du das?"

„Ich hab ihn im Sommer bei einem Baseballspiel getroffen", erklärte Mary-Kate. „Er sagte, dass er Miss Tandy hat – genau wie wir."

Ashley schob den Pulliberg in Mary-Kates Arme. Dann wirbelte sie herum, um zur Rolltreppe zu laufen. „Moment mal, wohin willst du denn *jetzt*?", rief Mary-Kate.

„Mir ist gerade noch was eingefallen, das ich unbedingt kaufen muss", sagte Ashley.

„Was denn?", fragte Mary-Kate.

Ashley blieb stehen und warf einen Blick über die Schulter. „Du weißt schon – Lippenstift, Lidschatten, Rouge."

„Du meinst *Make-up*?", rief Mary-Kate.

„Pst!", zischte Ashley und warf einen Blick in Richtung Pokey Valentine. „Nicht so laut, sonst hört er dich noch."

Jetzt hatte Mary-Kate kapiert.

„Oh nein", stöhnte sie und zog die Baseballmütze über die Augen. „Ashley ist verknallt!"

Sie schaute zu Kevin. Er saß immer noch mit den anderen Vätern in der Mädchenabteilung und las in einem Magazin. *Wahrscheinlich irgendeine dieser wissenschaftlichen Zeitschriften,* dachte Mary-Kate.

„Ist schon schwer genug, mit ihm über Kleider zu sprechen", sagte Ashley.

Mary-Kate grinste. Ashley wusste genau, was sie gerade gedacht hatte! Das war das Coole bei Zwillingen. Manchmal konnten sie gegenseitig ihre Gedanken lesen.

„Genau. Und ich kann mir einfach nicht vorstellen, mit ihm über Jungs zu reden", sagte sie.

„Ich auch nicht", stimmte Ashley zu. „Dafür brauchen wir Mom."

„Oder wenigstens ein Mädchen", fügte Mary-Kate hinzu.

Verstohlen warf Ashley noch einen letzten Blick zu Pokey Valentine. „Er ist *so* süß", keuchte sie. „Ich kann's gar nicht abwarten, bis die Schule anfängt."

Dann drehte sie sich um, weil sie ihrem Vater mitteilen wollte, dass sie mit der Rolltreppe wieder nach unten fahren wollte.

Mary-Kate seufzte. „Ich kann's abwarten", sagte sie zu sich selbst und folgte ihrer Schwester. „Ganz sicher."

2. Kapitel

Drrring! Drrring! „Immer mit der Ruhe", murmelte Mary-Kate in ihr Kissen. Sie streckte die Hand aus, um auf den Schlummerknopf an ihrem Wecker zu schlagen. Doch alles, was sie fühlte, war die Oberfläche ihres Nachtkästchens.

Wo ist denn der Wecker geblieben?, überlegte Mary-Kate verschlafen.

Drrring! Drrring!

Mary-Kate, die immer noch ihr Gesicht im Kissen vergraben hatte, tastete weiter auf dem Nachtkästchen herum. Da war kein Wecker.

Oh, auch gut. Wenigstens klingelte er nicht mehr. Mary-Kate schwebte gerade zurück ins Land der Träume, als sie die Stimme ihrer Schwester hörte.

„Ich hab den Wecker weggenommen. Du kannst nicht ständig auf den Schlummerknopf drücken, Mary-Kate", sagte Ashley. „Du musst aufstehen. Heute beginnt die Schule."

Mühsam öffnete Mary-Kate ein Auge. Ashley stand vor ihrem Bett. Sie war schon aufgestanden, bereits angezogen und trug ihren neuen schwarzen Rock und das glänzend rote Shirt.

„Du kommst zu spät, wenn du nicht sofort aufstehst", warnte Ashley.

„Ich kann nicht", murmelte Mary-Kate. „Ich bin krank."

„Krank?", wiederholte Ashley. „Aber heute ist der erste Schultag."

„Ich weiß." Mary-Kate zog sich die Decke über den Kopf. „Genau deshalb bin ich ja krank."

Ashley schaute auf ihre Schwester hinab und stemmte die Hände in die Hüften. „Wenn du dich noch nicht einmal dem ersten Schultag stellen kannst, wie willst du dann die nächsten zweihundert durchstehen?"

„Zweihundert?", stöhnte Mary-Kate unter ihrer Decke. „Oh nein!"

Ashley wandte sich ab, schüttelte den Kopf und begann, ihr Bett zu machen.

Sie und Mary-Kate teilten sich ein Schlafzimmer – obwohl der Raum eher wie zwei Zimmer in einem wirkte. Ashleys Bett war mit einer Decke bezogen, die mit lauter bedruckten Rosen verziert war. Mary-Kates Decke hingegen war mit Baseballteamlogos übersät. Ashleys Seite sah immer ordentlich und aufgeräumt aus. Und Mary-Kates Teil wirkte, als ob gerade ein Orkan hindurchgefegt wäre.

Wie können wir nur Zwillinge sein?, überlegte Ashley wohl schon zum tausendsten Mal.

Als das Bett gemacht war, setzte sie ihren Lieblingsteddybären auf das Kissen. Das war immer das Tüpfelchen auf dem i.

„Und jetzt zum vergnüglichen Teil." Ashley steuerte auf ihre Kommode zu. Ihr neues Make-up steckte immer noch gut verborgen in einer Papiertüte – aber nicht mehr lange!

„Rouge, Lippenstift, Lidschatten, Wimperntusche", sagte Ashley, als sie die Dosen und Schächtelchen herauszog. „Okay, okay, okay, okay."

Sie stäubte Rouge auf ihre Wangen, dann zeichnete sie die Lippen mit einem lila Konturenstift nach. Als sie ihr Spiegelbild betrachtete, zog sie die Wangen ein.

Perfekt!

Plötzlich tauchte Mary-Kates Kopf hinter ihr im Spiegel auf. Ihr Mund stand offen, und ihre blauen Augen waren vor Verblüffung kugelrund.

„Lippenstift?", rief Mary-Kate. „Was machst du denn da, Ashley?"

„Ich mach mich fertig für die siebte Klasse", sagte Ashley gelassen.

„Du machst dich fertig für jede Menge Ärger", warnte Mary-Kate. „Wenn Dad dich so sieht, flippt er aus!"

Ashley schraubte die Kappe von ihrer Wimperntusche. „Du hast doch gestern im Einkaufszentrum gesehen, dass ich das Make-up mit *meinem* Taschengeld bezahlt habe", stellte sie fest. „Also, wo ist das Problem?"

Mary-Kate fuchtelte mit den Armen in der Luft herum. „Ich dachte, du wolltest es langsam angehen. Ein Tupfer Lippenstift an einem Tag, ein bisschen Wimperntusche zwei Jahre später – du weißt schon. Gib Dad die Möglichkeit, sich daran zu gewöhnen."

Sorgfältig tuschte Ashley ihre Wimpern. „Dad wird sich bestimmt nicht darüber aufregen. Wahrscheinlich merkt er noch nicht mal was."

„Jetzt komm aber mal wieder auf den Teppich!", rief Mary-Kate. „Selbst letztes Jahr zu Halloween hat er dir nicht erlaubt, Make-up zu tragen. Und da bist du als Clown gegangen!"

„Aber das hat er nur deshalb gemacht, weil ich erst zehn war", erklärte Ashley. „Jetzt sind wir elf – und praktisch schon Teenager. Und wenn Mom noch leben würde, dürfte ich Make-up tragen. Wahrscheinlich würde sie mir sogar zeigen, wie man es auflegt."

„Damit kenn ich mich nicht aus", murmelte Mary-Kate. „Egal, wir sprechen von Dad, nicht von Mom."

„Mary-Kate, Ashley." Kevins Stimme drang von unten aus der Küche. „Jetzt macht schon. Sonst kommt ihr zu spät zur Schule!"

„Also los." Mary-Kate ergriff den Arm ihrer Schwester und zog sie vom Spiegel weg. „Du weißt, wie Dad sich aufführt, wenn das Frühstück kalt wird."

„Aber wir kriegen doch immer Cornflakes", protestierte Ashley und warf die

Wimperntusche auf ihre Kommode. „Und die *müssen* kalt sein!“

Als die Zwillinge die Küche betraten, stellte ihr Vater gerade einen Teller mit Blaubeermuffins auf den Tisch.

„Blaubeermuffins!“, rief Mary-Kate. Kevin backte Muffins nur zu ganz besonderen Gelegenheiten. „Sind die alle für uns?“

Kevin nahm die Schürze ab, die er über sein Oxford-Hemd und die Jeans gezogen hatte. „Nein. Ein paar Freunde kommen vorbei, wenn ihr weg seid. Also macht das Silberbesteck nicht schmutzig“, meinte er grinsend.

„Sehr witzig, Dad“, sagte Ashley.

Mary-Kate betrachtete die Platte mit den Muffins. Sie suchte einen aus und nahm dann ihr Glas mit Milch.

Kevin stellte die Butterdose auf den Tisch. Plötzlich stutzte er und starrte Ashley an. „Schatz, bist du okay?“

„Klar, Dad“, meinte Ashley. Sie nahm sich einen Muffin und legte ihn auf ihren Teller. „Warum fragst du?“

„Du siehst ein bisschen errötet aus“, sagte er.

Mary-Kate verschluckte fast ihre Milch. „Das ist Rouge, Dad! Ashley – autsch!“ Sie hielt inne, als Ashley ihr unter dem Tisch gegen das Bein trat.

„Ashley, trägst du etwa Make-up?“, fragte Kevin stirnrunzelnd. „Du kennst meine Vorschriften in puncto Make-up.“

Mary-Kate warf ihrer Schwester einen vorwurfsvollen Blick zu.

„Aber Dad!“, rief Ashley. „Ich bin immerhin schon elf!“

Kevin nickte. „Das stimmt. Aber erst wenn du dreizehn bist, darfst du Make-up tragen.“

„Dreizehn?“, rief Ashley. „Das ist ja noch eine Ewigkeit bis dahin.“

Kevin deutete zur Treppe. „Ich will, dass du das Zeug wegmachst, bevor du zur Schule gehst.“

Ashley stand auf und seufzte. „Okay ... aber du kannst den Lauf der Zeit nicht aufhalten.“

„Du hast Recht“, sagte Kevin. Dann deutete er wieder zur Treppe. „Also ... ab mit dir!“

Als Ashley die Treppe hinaufstapfte, hob Mary-Kate die Augenbrauen und schaute ihren Vater eindringlich an. „Dad, ich glaube, wir kriegen Ärger mit Ashley“, bemerkte sie und nahm einen großen Bissen von ihrem Muffin.

In diesem Augenblick klopfte es an der Tür. „Herein“, rief sie mit vollem Mund.

Die Tür öffnete sich. Max und Jessica, die Freunde der Zwillinge, schlenderten in die Küche.

„Hi“, sagte Jessica.

Max brummte verschlafen.

Mary-Kate betrachtete die Schul-Outfits ihrer Freunde.

Jessica trug einen neuen gestreiften Pulli und schwarze Stretchjeans. Ihr langes braunes Haar war zu einem Pferdeschwanz zusammengebunden. Mary-Kate war zwar nicht ganz sicher, aber sie *glaubte*, dass Jessica Wimperntusche aufgetragen hatte. Max' Klamotten sahen eher nach Bett-Outfit aus. Seine ausgebeulten Jeans waren zerknittert und auf seinem Hemd klebte ein Marmeladenfleck. Seine kurzen schwarzen Haare standen kreuz und quer vom Kopf ab, als ob er vergessen hätte, sich zu kämmen.

„Hey, Jessica, Max“, sagte Kevin vergnügt. „Alles im grünen Bereich am ersten Schultag?“

Fortsetzung folgt auf Seite 32

Mary-Kate und Ashleys
großer Psychotest

Wir haben einander als beste Freundinnen und kennen uns in- und auswendig. Und du? Wie gut kennst du deine beste Freundin? Und welcher Freundinnen-Typ bist du? Teste dich und finde es heraus!

Welcher Freundinnen-Typ bist du?

Du erfährst von jemand anderem das dunkelste Geheimnis deiner besten Freundin – und bist geschockt! Wie verhältst du dich, wenn du deine Freundin das nächste Mal siehst?

- Ich bemühe mich, nichts zu sagen, kann aber nicht vermeiden, ein paar Andeutungen fallen zu lassen
- Ich sage ihr offen, dass ich Bescheid weiß
- Ich sage nichts, schließlich ist sie meine beste Freundin

Deine Freundin verrät dir, dass sie auf einen süßen Jungen steht, der leider auch dir sehr gut gefällt. Sie bittet dich um Rat, wie sie ihn auf sich aufmerksam machen kann. Wie reagierst du?

- Ich erzähle überall herum, dass sie in den Jungen verliebt ist
- Ich sage ihr, dass er schon eine Freundin hat, und hoffe insgeheim, dass ich das sein werde
- Ich nehme sie zum Shopping mit, style sie total auf und helfe ihr dabei herauszufinden, wo er sich so rumtreibt

Deine Freundin kommt mit den Hausaufgaben in ihrem Hassfach nicht klar und will bei dir abschreiben. Was tust du?

✿ Ich ziehe sie vor allen anderen auf, weil sie nicht mithalten kann

✿ Klar lasse ich sie abschreiben – aber dafür muss sie mir ihre neue CD ausleihen, so lange ich will

✿ Ich versuche sie davon zu überzeugen, dass sie ihr Problem mit dem Lehrer bespricht

Du gehst mit deiner Freundin shoppen. Sie hat viel Geld dabei, aber du bist total pleite. Als sie ein teures Teil anprobiert, das ihr überhaupt nicht steht, fragt sie dich nach deiner Meinung. Wie reagierst du?

✿ Ich lache mich halb tot und kann es kaum erwarten, den anderen zu erzählen, wie bescheuert sie aussieht

✿ Ich lächle und sage, dass sie toll darin aussieht – auch wenn ich weiβ, dass es mir besser steht. Vielleicht kann ich sie ja davon überzeugen, es mir mal auszuleihen

✿ Ich suche ihr ein anderes, echt cooles Teil aus und überzeuge sie, es mal anzuprobieren

Überwiegend ✿

Die Gefühle deiner Freundin sind dir zwar nicht egal, aber du liebst es nun mal zu tratschen! Nie im Leben könntest du ein Geheimnis für dich behalten. Deshalb muss deine Freundin gut aufpassen – alles, was sie dir erzählt, wird sich wie ein Lauffeuer verbreiten!

Überwiegend ✿

Besonders nett bist du nicht. Du versuchst immer, einen Vorteil für dich herauszuschlagen, und dabei ist dir deine Freundin völlig egal! Sieh dich vor – sie wird ganz schnell herausfinden, dass du keine wahre Freundin bist.

Überwiegend ✿

Du bist eine echt gute Freundin. Du bist da, wenn deine Freundin dich braucht, und du gibst ihr immer gute Ratschläge. Bestimmt bleibt ihr beide Freundinnen fürs Leben!

Mary-Kate und Ashleys
ultimativer Party-Guide!

Partys werden nicht von alleine ein voller Erfolg. Dafür musst du selbst sorgen! Hier verraten wir dir, wie deine nächste Party ein Mega-Kracher wird ...

Eins vorab!

Informiere deine Eltern, dass du ein Fest planst und wie es ablaufen soll. Sonst tauchen sie womöglich urplötzlich auf einer Party auf, von der sie keine Ahnung hatten – und das wäre nicht besonders cool ...

Bist du ein echtes Party-Girl?

Fegst du gerne über die Tanzfläche oder versteckst du dich lieber in der Küche? Mit unserem Partytest findest du es heraus!

Karaoke ist angesagt! Wie reagierst du?

- Ich winke entsetzt ab: Nichts auf der Welt kann mich zum Singen bewegen!
- Ich springe als Erste auf, denn ich liebe es, im Mittelpunkt zu stehen
- Ich traue mich, wenn meine Freundinnen mitmachen und wir gemeinsam einen Song unserer Lieblingsband singen

Du bist zu einem Kostümfest eingeladen. Als was gehst du?

- Ich style mich wie mein Lieblingsstar
- Ich stecke mit meiner Freundin in einem Pferdekostüm
- Als Schneewittchen

So sieht deine ideale Party aus:

- Am liebsten mag ich Pyjamapartys mit ein paar Freundinnen
- Eine Strandparty mit viel Spaß am Meer
- Tanzen, Musik und Action mit allen Leuten, die ich kenne

Was gefällt dir auf Partys am besten?

- Mit meinen Freundinnen darüber lästern, wer was anhat und wer mit wem redet
- Mit süßen Jungs zu angesagter Musik tanzen
- Auf jeden Fall das Essen!

Mit wem würdest du am liebsten zu einer Party gehen?

- Mit meinem Lieblingssolosänger
- Mit meinem Lieblingscomedystar
- Mit einer Boyband

Überwiegend ✿

Wow, du bist ein waschechtes Party-Girl und lässt es gerne mal so richtig krachen! Wahrscheinlich planst du gerade deine nächste Fete – dann solltest du unseren Guide ganz besonders aufmerksam lesen!

Überwiegend ✿

Klar magst du Partys, aber sie sollten überschaubar sein. Wenn du etwas planst, legst du auf jedes Detail großen Wert, damit sich auch alle Gäste rundum wohl fühlen.

Überwiegend ✿

Party machen bedeutet für dich vor allem Fun! Mit deinen Freundinnen hast du jede Menge Spaß. Wenn du selbst eine Fete organisierst, wird es immer total lustig – und vor allem tischst du leckeres Essen auf, damit alle gut drauf bleiben!

Sonntag	Montag	Dienstag	Mittwoch	Donnerstag	Freitag	Samstag
Juni		MEINE PARTY!!!			1 Location festlegen	2
3	4	5	6	7 Einladungen verschicken	8	9 Einkaufsliste schreiben
10	11 Musik organisieren – CDs aussuchen	12	13	14 Getränke besorgen	15	16
17	18	19 Witzige Partyspiele überlegen	20	21	22 PARTY TIME	23
24	25	26	27	28	29	30

Party-Tipp

Bitte eine Freundin, dir bei den Vorbereitungen zu helfen – das halbiert die Arbeit und macht doppelt so viel Spaß!

Party-Tipp

Hilf beim anschließenden Aufräumen tatkräftig mit. Dann haben deine Eltern nichts dagegen, wenn du mal wieder eine Party schmeißen willst!

Party-Knüller

Besorge genügend Essen und Getränke, damit es für alle Gäste reicht.

Rücke die Möbel an die Wände, damit genügend Platz zum Tanzen bleibt.

Mische dich unter deine Gäste und sorge dafür, dass alle Spaß haben.

Setze ein Ende fest. So weiß jeder, wann die Party vorbei ist!

Party-Killer

Einladungen erst am Tag vor der Party verschicken.

Grelle Beleuchtung – das macht jede Atmosphäre kaputt.

Jemanden nicht beachten – jeder soll auf deiner Party Spaß haben.

Die Nachbarn mit übermäßigem Lärm belästigen! Amüsieren – ja, Kontrolle verlieren – nein!

Lecker, lecker!

Fingerfood ist praktisch, weil man es auch im Stehen essen kann. Hier findest du ein paar Ideen!

Mini-Pizzas

Hähnchenschlegel

Partywürstchen

vegetarische Frühlingsröllchen

Salzstangen, Chips und Saucen zum Dippen

Süßigkeiten

Verschiedene Fruchtsäfte und Mineralwasser

mary-kate

Wusstest du schon, dass ...?
Coole Fun-Facts über
Mary-Kate und Ashley

Mary-Kates Hund heißt Jack und ist halb Pudel, halb Chihuahua – klingt irgendwie interessant ...

Mary-Kate hat zwei Pferde. Eines heißt *CD*, das andere *Star*. Zu Hause hat sie jede Menge Schleifen und Pokale, die sie bei Turnieren gewonnen hat. Und ihre erste große Liebe war – hast du's schon erraten? – ein Pferd! Es hieß *Four by Four*, und sie hat es bis heute nicht vergessen.

Ein perfekter Tag sieht für Mary-Kate so aus: Joggen am Strand, danach haufenweise Süßigkeiten einkaufen ... und als Krönung eine entspannende Massage!

Mary-Kates Lieblingszahl ist die 8.

Mary-Kate feiert gerne Weihnachten. Besonders gern mag sie: den Baum aussuchen, ihn anschließend mit der ganzen Familie schmücken und dabei Weihnachtslieder hören. Cooles Fest!

Und ihre Lieblingsschauspielerin? Mary-Kate findet Cameron Diaz einfach toll.

Jetzt, im College, möchte Mary-Kate unbedingt einen Kochkurs belegen, damit sie dieselben Gerichte wie ihre Mam kochen kann. So kann sie etwas gegen ihr Heimweh tun ...

Als wir noch klein waren, verbrachten wir viel Zeit auf dem Filmset. Dennoch kam neben der Arbeit auch der Spaß nicht zu kurz: Mary-Kates Lieblingsstreich war es, anderen Leuten unbemerkt eine Wäscheklammer an die Kleidung zu heften und abzuwarten, ob sie es überhaupt bemerkten. Manchen fiel es tatsächlich den ganzen Tag nicht auf – und so trugen sie die Klammer sogar noch auf dem Nachhauseweg mit sich herum!

ashley

Möchtest du wissen, was Ashley sich wirklich wünscht? Einen Flachbildfernseher! Vielleicht bringt ihr ja der Weihnachtsmann einen.

Einer der schönsten Momente in Ashleys Leben war, als sie endlich alt genug war, alle Fahrgeschäfte auf dem Rummelplatz benutzen zu dürfen. Du siehst: Auch wir lieben die einfachen Dinge des Lebens!

Was kauft Ashley am liebsten? Schuhe, Schuhe und noch mal Schuhe!

Ashleys perfekter Tag sieht so aus: Zuerst eine Maniküre, danach mit Freunden essen gehen und zum Schluss zum Yogakurs abdüsen.

Frag Ashley, ob sie jemals mit Mary-Kate getauscht hat, um Leute hereinzulegen, und sie wird antworten: „Das haben wir nie versucht." Aber Mam behauptet da etwas ganz anderes ... Hmmm, vielleicht hat Ashley das ja schon längst vergessen!

Ashleys Lieblingszahl? Die 8. (Hey, Mary-Kate hat genau das Gleiche gesagt! Muss wohl eine dieser Zwillingssachen sein!)

Ashleys Lieblingsschauspielerin ist Drew Barrymore, weil sie zugleich Schauspielerin und Produzentin ist.

Ashley ist bekannt dafür, dass sie vor laufendem Fernseher einschläft ... zzz.

„Worauf ich stolz bin? Dass ich auf dem Boden geblieben bin, obwohl so viel um uns herum geschehen ist."

Sobald Ashleys Terminkalender ihr ein wenig Freizeit lässt, macht sie es sich mit einem guten Buch gemütlich. Am liebsten mag sie geheimnisvolle, historische Romane.

Toll aussehen mit Mary-Kate und Ashley

Auf dem Set gibt es Stylisten, die dafür sorgen, dass wir immer top aussehen. Aber zu Hause sind wir auf uns selbst gestellt, genau wie du! Hier erfährst du ein paar tolle Tipps, wie du super aussehen und dich dabei total wohl fühlen kannst!

Beantworte unsere Fragen und ermittle deinen Beauty-Faktor!

1 Das perfekte Mittagessen besteht für dich aus ...

- einem Thunfischsandwich, Jogurt und einem Apfel
- einem Hamburger – aber mit einem kleinen Salat dazu
- Chips, Chips und noch mal Chips!

2 Was befindet sich in deiner Make-up-Kollektion?

- Welche Make-up-Kollektion?
- Irgendwo in einer Schublade liegen ein paar Döschen mit Lipgloss herum
- Die komplette Ausstattung, dazu Extrapinsel – alles in einer speziellen Tasche

3 Mal ehrlich: Wie oft gehst du ins Bett, ohne dich abzuschminken und deine Zähne zu putzen?

- Niemals, wirklich niemals!
- Bisher vielleicht ein- oder zweimal, wenn es sehr spät geworden ist, aber ich bin nicht stolz darauf
- Immer, wenn ich zu müde dazu bin

4 Deine Fingernägel sind ...

- manchmal lackiert, aber der Lack blättert schnell wieder ab
- ein klein wenig angenagt und sollten mal wieder gründlich geschrubbt werden
- mandelförmig und perfekt gepflegt

5 Und dein Haar?

- Das macht, was es will
- Es wird täglich gewaschen und macht, was ich ihm sage
- Es kriegt ab und zu einen neuen Look, wenn ich Lust zum Ausprobieren habe

6 Ein perfekter Tag sieht für dich so aus:

- Shopping!
- Ich treffe mich mit meinen Freunden auf einen Hamburger und einen Milchshake
- Pizza und Kino

Überwiegend ✿ 1
Oje! Fast Food und schlechte Angewohnheiten ... du musst noch viel über Beauty und Körperpflege lernen. Aber keine Angst, hier bist du goldrichtig! Lies doch mal unsere Tipps. Damit erhöhst du deinen Beauty-Faktor!

Überwiegend ✿ 2
Du bist gesundheitsbewusst und weißt einfach alles über Haar- und Körperpflege! Außerdem kannst du perfekt mit deinem Schminktäschchen umgehen. Dennoch gibt es immer wieder Neues zu lernen – schau doch mal, welche unserer Tipps du noch nicht kennst!

Überwiegend ✿ 3
Du bist trendy und traust dich, öfter mal einen neuen Style auszuprobieren. Aber dir fehlt die Zeit, um wirklich immer perfekt auszusehen. Wir helfen dir dabei, Schönheitspflege zu deiner täglichen Routine zu machen – ohne dass du dabei unter Stress gerätst.

Party-Hair

Probier doch mal neue Frisuren aus Modemagazinen aus.

Mit einer Glitzerspange zauberst du Glamour ins Haar!

Tollen Glanz gibt's mit speziellen Spülungen.

School-Beauty

Wenn du ein paar einfache Regeln befolgst, siehst du immer top gepflegt aus.

* Frisuren müssen nicht immer aufwändig sein! Ein Pferdeschwanz passt immer – egal ob geflochten oder offen.
* Mit einem Hauch Lipgloss bist du bestens gestylt.
* Achte darauf, dass deine Nägel immer sauber und gut gepflegt sind. Verwende transparenten Nagellack.
* Putz dir nach jeder Mahlzeit sorgfältig die Zähne. Du weißt nie, wer dir gleich auf dem Schulhof begegnet!

Party-Face

Verwende glitzernden Lidschatten.

Trage ein wenig Rouge auf die Wangenknochen auf.

Total abgefahren: Mascara mit Glitter.

Weekend-Style

Probier doch mal was Neues aus, wenn du am Wochenende mit Freunden ausgehst.

* Wie wäre es mit farbigem Lipgloss für einen glänzenden Auftritt?
* Mascara verlängert deine Wimpern. Fehlt nur noch jemand, den du damit anklimpern kannst ...
* Mit einem Hauch Rouge wirkst du frisch und gesund – aber bitte nur einen Hauch!
* Variiere deine Frisur. Selbst wenn du nur den Scheitel auf der anderen Seite ziehst, kann das schon verblüffend anders wirken!

Beauty-Basics

* Lipgloss wirkt leichter und frischer als Lippenstift.
* Wenn du zu viel Rouge erwischt hast, wisch es ab und fang von vorne an.
* Nicht einmal die besten Freundinnen sollten sich ihr Augen-Make-up teilen!
* French Nails sind total angesagt!
* Mit einer Spülung nach jeder Haarwäsche wird dein Haar weich und bekommt keine Knoten.
* Normale Seife trocknet die Gesichtshaut aus. Deshalb nur spezielle Gesichtsseife oder Reinigungslotion verwenden.
* Ein weicher Kajalstrich unter dem Augenlid verleiht dir einen geheimnisvollen Look!
* Glitzer-Faktor garantiert: Verteile ein wenig Glitzerpuder aufs Dekolletee und die Arme.

Party-Looks

Wie wäre es mit einem coolen Glitzertattoo?

Oder einer Bodylotion mit zartem Schimmer?

Sehr edel: Ein Hauch glitzerndes Körperpuder.

Träume deuten mit
Mary-Kate und Ashley

Die Pyjamaparty hat echt Spaß gemacht: Ihr seid lang aufgeblieben, habt getratscht und gekichert, ihr habt getanzt – aber irgendwann seid ihr doch eingeschlafen. Kannst du dich an deine Träume erinnern? Und stimmt es, dass Träume dir die Zukunft und deine geheimen Gedanken zeigen? Hier erfährst du alles über Träume und ihre Bedeutung.

Engel
Wenn du von Engeln träumst, sehnst du dich nach Glück in der Liebe. Tipp: Halte dich häufiger in der Nähe eines süßen Jungen auf, damit er dich bemerkt!

Fahrrad
Träume vom Fahrrad fahren deuten darauf hin, dass du bald eine schwierige Entscheidung treffen musst. (Zum Beispiel, ob du bei der nächsten Shoppingtour lieber das Glitzerpuder oder das Lipgloss kaufen sollst!)

Kuchen
Wenn du von Kuchen träumst, dann rechnest du mit einer tollen Überraschung. Vielleicht flattert ja schon bald die Einladung zu einer Party ins Haus.

Tanzen
Tanzen steht für Glück und Wohlstand. Bestimmt wünschst du dir eine Taschengelderhöhung! Es schadet also nicht, wenn du deinen Eltern von diesem Traum erzählst.

Essen
Träume von Essen und Festtafeln weisen darauf hin, dass du zurzeit rundum glücklich und zufrieden bist!

Fliegen
Träumst du vom Fliegen, dann sehnst du dich nach Erfolg. Steht dir vielleicht eine Prüfung in der Schule bevor? Keine Angst – die packst du mit links!

Garten
Spielt dein Traum in einem schönen Garten, dann wünschst du dir Liebe und Reichtum – die perfekte Kombination!

Hitze
Träumst du von Hitze, so heißt das, du machst dir ein klein wenig Sorgen. Gibt es zu Hause oder in der Schule Probleme? Hab Mut und sprich mit deinen Eltern oder einem Lehrer darüber.

Unsichtbar
Wenn du in deinem Traum unsichtbar warst, solltest du aufpassen – du fürchtest, jemand könnte dein bestgehütetes Geheimnis aufdecken!

Schmuck
Siehst du Schmuck in deinem Traum, dann hoffst du insgeheim auf ein tolles Geschenk. Tipp: Mach es deinem Umfeld leichter und lasse „ganz zufällig“ irgendwo einen Wunschzettel rumliegen.

Schlüssel
Der Schlüssel steht im Traum als Symbol für ein Rätsel, das du lösen willst. Bleib dran, und du wirst es schaffen!

Leiter
Wenn du von einer Leiter träumst, wünschst du dir einen Glücksfall herbei! Vielleicht findest du ja in einer Tasche etwas Geld, das du schon längst vergessen hattest.

Make-up
Wenn du vom Schminken träumst, dann fragst du dich wahrscheinlich, wie du auf andere wirkst. Lipgloss ist zwar eine feine Sache, aber vergiss nie: Deine Persönlichkeit ist viel wichtiger als dein Äußeres.

Nadel
Träumst du von Nadeln, fragst du dich, was die Zukunft dir bringen wird. Aber keine Sorge: Du hast noch viel Zeit zu entscheiden, was du tun willst!

Meer
Das Meer könnte ein Zeichen dafür sein, dass du dich im Moment überfordert fühlst. Gönne dir eine Auszeit, nimm ein schönes, heißes Schaumbad und entspanne dich.

Party
Wenn du im Traum auf einer Party bist, möchtest du neue Leute kennen lernen. Tipp: Wie wäre es mit einer AG in der Schule? Da findest du bestimmt neue Freunde.

Königin
Hast du geträumt, vor einer Königin zu stehen? Dann bist du bereit für Neues. Trau dich ruhig, denn dein Selbstbewusstsein ist im Moment sehr groß.

Straße
Liegt eine lange Straße im Traum vor dir, fragst du dich, ob du dich in einer Sache richtig entschieden hast.

Shopping
Wenn du vom Einkaufen träumst, dann fühlst du dich womöglich unausgefüllt. Such dir ein neues Hobby!

Teddybär
Du hast von deinem Lieblingskuscheltier geträumt? Keine Angst, das heißt nicht, dass du gerne wieder ein Baby wärst. Du möchtest nur mal wieder in den Arm genommen werden. Deine Eltern sind genau die Richtigen für extra Streicheleinheiten!

Uniform
Wenn du träumst, dass du eine Uniform trägst, dann möchtest du dich bestimmt von der großen Masse abheben. (Vielleicht möchtest du aber einfach keine Anziehsorgen mehr haben!)

Vulkan
Träume, die von Vulkanen handeln, weisen darauf hin, dass Körper und Geist ein wenig Ruhe brauchen. Hör entspannende Musik, gönn dir ein paar Duftöle und denk an etwas Beruhigendes.

Wind
Du hast dich im Traum durch einen Sturm gekämpft? Dann könnte das bedeuten, dass du in der Schule oder zu Hause gerade Probleme hast. Tipp: Vertraue dich einer Freundin oder einem Lehrer an.

Weihnachten
Ein Traum von Weihnachten bedeutet: Du liebst deine Familie und würdest gerne einen Verwandten besuchen, den du nur selten siehst.

Schreien
Wenn du im Traum schreist, dann möchtest du dir Gehör verschaffen und deiner Umgebung deine Gefühle mitteilen.

Sternzeichen
Träumst du von den Tierkreiszeichen, dann möchtest du wissen, was die Zukunft dir bringt. Aber denke daran: Nichts geschieht einfach so – letztlich entscheidest du selbst, was mit dir passiert!

Ein unschlagbares Team

Ein **Zwilling** kommt **selten** allein

Fortsetzung von Seite 21

Max starrte Kevin an, als ob er aus dem Weltall käme.

„Oh, na klar, ich bin voll auf dem Laufenden", brummte er. „Statt den ganzen Tag Ball zu spielen, muss ich mich jetzt mit Guatemala herumschlagen."

Kevins Augen leuchteten auf. „Wie aufregend! Guatemala hat eins der ungewöhnlichsten Ökosysteme der Welt", sagte er begeistert. „Wusstest du eigentlich ...?"

Mary-Kate verdrehte die Augen. Es war schon schlimm genug, dass ihr Dad *ihnen* Vorträge hielt – aber musste er ihre Freunde auch noch quälen?

„Dad, bitte", bettelte sie. „Die Sommerferien sind erst in zwanzig Minuten vorbei."

„Richtig", stimmte Max zu. Er streckte den Arm über Mary-Kates Schulter, um sich einen Blaubeermuffin zu nehmen. „Und ich würde es gerne ein bisschen langsam angehen lassen mit der Lernerei. Damit mein Körper keinen Schock kriegt."

Kevin sah verblüfft aus. „Schock?", wiederholte er.

Jessica nickte. „Letztes Jahr hat Max sein Mathebuch zu früh aufgeschlagen und musste sich sofort übergeben."

Max zuckte mit den Schultern. „Ist Veranlagung."

Kevin wollte sich gerade zum Herd drehen, doch er hielt inne und schaute Jessica erneut an.

„Jessica?", fragte er langsam. „Trägst du etwa Make-up?"

Mary-Kate hörte auf zu kauen. Hatte ihr Dad etwa einen Lipgloss-Radar unter dem Tisch versteckt?

Jessica nickte begeistert. „Ja klar. Das machen alle am ersten Schultag."

„Nicht alle", warf Mary-Kate ein. Sie deutete auf ihre Schwester, die sich gerade die Treppe hinunterschleppte. Ihr Gesicht war frisch geschrubbt und frei von Make-up.

„Ashley!", rief Jessica. „Ich dachte, du wolltest heute Make-up tragen."

Ashley warf ihrem Vater einen finsteren Blick zu.

„Hab ich auch gedacht", murmelte sie und deutete zur Tür. „Los, Leute. Wir wollen doch nicht zu spät zur Schule kommen."

Ashley und Mary-Kate schnappten sich ihren Lunch und ein paar Muffins, küssten ihren Dad und verabschiedeten sich.

„Tschüs, Dad", sagte Ashley.

„Bis dann", rief Mary-Kate.

Kevin folgte den Zwillingen, als sie zur Tür gingen.

„Ach, übrigens", meinte er. „Ich leg heute ein paar Flyer in der Universität aus."

„Flyer?", wiederholte Ashley.

„Was denn für Flyer?", fragte Mary-Kate. „Kriegen wir endlich einen Hund?"

Kevin schüttelte den Kopf. „Ich brauche für euch zwei einen Babysitter – für die Tage, an denen ich länger arbeiten muss."

Mary-Kate erstarrte. *„Einen Babysitter?"* Sie konnte es nicht glauben.

Mit elf Jahren einen Babysitter zu haben war die absolute Erniedrigung. Als ob man eine Lunchbox mit in die Schule nehmen oder aus einem Saftkarton trinken würde!

Deshalb also der ganze Aufwand mit den Blaubeermuffins zum Frühstück. Sie waren nichts als Bestechung!

„Babysitter sind für Babys, Dad", beschwerte sich Ashley.

„Stimmt, du hast Recht", sagte Kevin.

Mary-Kate und Ashley tauschten hoffnungsvolle Blicke.

„Und deshalb", meinte Kevin mit hintergründigem Lächeln, „werde ich einen Aktivitäten-Koordinator für angehende Teenager engagieren."

Mary-Kate funkelte ihren Vater wütend an. Wie konnte er in dieser Situation noch Witze machen? „Nenn es, wie du willst, Dad. Es ist und bleibt ein Babysitter."

Kevin strich sorgfältig seine Krawatte glatt. „Mrs Baker wird nach der Schule auf euch aufpassen, bis ich jemand Dauerhaftes gefunden habe", sagte er.

„Mrs Baker?" Mary-Kate schnappte nach Luft.

„Aber sie ist schon so alt!", protestierte Ashley.

„Vor allem ist sie sehr professionell", fügte Kevin hinzu. „Sie arbeitet schon seit Jahren als Babysitter."

„Na klar", brummte Mary-Kate. „Wahrscheinlich schon für Abraham Lincoln."

„He, Moment mal. Ihr braucht immer noch einen *Babysitter*?", fragte Max.

Mary-Kate riss den Blaubeermuffin aus seiner Hand. „Zwing mich nicht, dir wehzutun", warnte sie.

„Oh, da hat aber jemand einen schlechten Tag", murmelte Jessica.

„Tolle Überraschung", murrte Mary-Kate, als sie nach draußen ging. „Heute ist der erste Schultag, und Mrs Baker ist unser Babysitter. Dieser Tag kann wohl kaum noch *schlimmer* werden, oder?"

3. Kapitel

„Auf der Erde gab es schon immer so etwas wie einen Treibhauseffekt", erklärte Kevin Burke seiner Klasse. Er deutete auf eine Weltkarte. „Aber wenn es noch wärmer wird, schmilzt das Eis, die Ozeane steigen an – und ihr könnt zur Schule surfen."

Kevin war Professor für Umweltforschung. An diesem Morgen sprach er vor einer großen Klasse über die Erderwärmung.

„Das wär's für heute. Und denkt dran", sagte er, „Mittwochmorgen treffen wir uns um Punkt halb acht im Labor."

Die Studenten standen auf und sammelten ihre Bücher ein. Kevin wollte gerade zu seinem Tisch zurückkehren, als ein Mädchen in der zweiten Reihe mit den Armen in der Luft herumfuchtelte.

„Alle herhören!", rief sie.

Kevin schaute zu dem Mädchen hoch. Sie trug einen kurzen, engen braunen Rock und eine zusammengeknotete Bluse. Ihr extrem hellrotes Haar war in Stufen geschnitten, und Kevin überlegte, ob es wohl gefärbt war.

„Stimmt etwas nicht?", fragte er.

Das Mädchen schüttelte den Kopf und begann zu klatschen. „Ich wollte nur sagen, dass das eine tolle Stunde war. Vielen Dank, Professor Burke."

Sie winkte den anderen Studenten, es ihr gleichzutun. Und bald brachen alle in Applaus aus.

Kevin lächelte. Doch als er eine knappe Verbeugung andeutete, fragte er sich: *Was genau will dieses Mädchen eigentlich? Die Stunde war zwar gut – aber so gut nun auch wieder nicht!*

„Vielen Dank euch allen", sagte er und war ein bisschen durcheinander. „Und danke, Miss ..."

„Moore", sagte das Mädchen. „Carrie Moore." Die anderen klemmten ihre Bücher unter die Arme und verließen langsam den Raum. Das Mädchen fuhr fort: „Herr Professor, bevor ich gehe, habe ich noch eine kleine Frage wegen dem Labor am Mittwoch."

Da haben wir's, dachte Kevin. „Ja?", fragte er.

Carries zehn Zentimeter hohe Plateauschuhe klapperten, als sie nach vorne trat.

„Halb acht!", rief sie, als sie vor dem Tisch stehen blieb. „Ist das normal? Ich müsste ja schon um Viertel nach sechs frühstücken. Und da ist es noch dunkel!"

„Tut mir Leid, Carrie", sagte Kevin bestimmt. Er begann, seine Bücher einzupacken. „Aber so ist nun mal der Stundenplan für das Labor."

„Und wenn ich versuche, den anderen Professor dazu zu bringen, seine Stunde auf halb zehn zu verlegen?", fragte Carrie. „Dann könnten wir doch um acht anfangen."

Kevin verschränkte die Arme. „Ich verstehe nicht, warum es ein Problem sein soll, früher aufzustehen."

„Das würden Sie, wenn Sie das letzte Jahr als Kartenverkäufer in Las Vegas gearbeitet hätten", sagte Carrie. „Die Nächte waren meistens ziemlich kurz."

„Kartenverkäufer? In Las Vegas?", rief Kevin. „Wie alt sind Sie eigentlich?"

„Sechsundzwanzig", erwiderte Carrie. „Ich hab zwischendurch eine Pause am College eingelegt, weil ich ein bisschen von der Welt sehen wollte. Jetzt bin ich wieder da."

„Nun ja, das Erste, was Sie lernen sollten, ist früh aufzustehen", sagte Kevin mit einem Lächeln. Er nahm seine Aktentasche.

„Sie sind der Boss", meinte Carrie. Sie drehte sich zur Tür, warf aber noch einmal einen Blick über ihre Schulter. „Ach übrigens – wer ist eigentlich Ihr Boss?"

Kevin verschränkte die Arme vor der Brust. „Wissen Sie, ich habe jedes Jahr einen Studenten in meiner Klasse, an den ich mich garantiert mein ganzes Leben lang erinnern werde", sagte er und seufzte. „Und dieses Jahr habe ich den Verdacht, dass Sie das sein werden."

4. Kapitel

„Ich kann's einfach nicht glauben. Miss Tandy hat uns Hausaufgaben aufgegeben, schon am ersten Schultag", beschwerte sich Mary-Kate.

„Ihr habt die Tandy?", fragte Max und schüttelte den Kopf. „Ich hab gehört, dass sie sogar Kids Hausaufgaben aufgibt, die gar nicht in ihrer Klasse sind!"

Die Zwillinge saßen zusammen mit Max auf der vorderen Veranda ihres braunen Sandsteinhauses. Alle hatten den ersten Schultag überlebt. Nun mussten sie den ersten Tag mit Hausaufgaben überleben!

„Ich werde auf keinen Fall unser Softballspiel nächsten Montag ausfallen lassen, nur weil ich Hausaufgaben machen muss", sagte Mary-Kate.

Ashley sackte in sich zusammen, sodass ihr Kinn fast den Boden berührte. Wenn über Baseball geredet wurde, fühlte sie sich immer ausgeschlossen. Mary-Kate war ein richtiger Profi. Sie war super im Schlagen und Fangen – und selbst darin, sich mit dem Schiedsrichter herumzustreiten!

Das Einzige, worin ich gut bin, dachte Ashley, *ist, die Bank warm zu halten.*

Ashley wusste, dass es auch noch andere

Dinge gab, die sie gut konnte, zum Beispiel kochen und backen. Doch niemand schrie begeistert ihren Namen oder trug sie auf den Schultern, nur weil sie den perfekten Schokoladenkuchen gebacken hatte.

„Glaubst du echt, dass wir die Kids aus der Dearborn Street schlagen können?", fragte Max Mary-Kate.

„Das sollten wir", erklärte Mary-Kate. „Ich ziehe sie nämlich schon seit drei Wochen damit auf."

„Und sie sind *mir* nach Hause hinterhergerannt, weil sie dachten, ich wäre du", beschwerte Ashley sich.

„Tut mir Leid." Mary-Kate kicherte.

Ashley hörte, dass die Haustür aufging. Als sie sich umdrehte, entdeckte sie Mrs Baker in der Tür, die zwei Jacken hochhielt.

„Sieh mal, das ist die Aufseherin", flüsterte Mary-Kate.

„Pst", warnte Ashley. „Sie hört dich doch."

„Mary-Kate, Ashley", sagte Mrs Baker. „Es wird langsam ein bisschen kalt. Ihr solltet besser eure Jacken anziehen."

„Aber mir ist nicht kalt, Mrs Baker", widersprach Mary-Kate.

„Mir auch nicht", sagte Ashley.

Mrs Baker streckte die Nase vor und sah die Zwillinge drohend an.

„Nun gut", sagte sie. „Ihr könnt ja jederzeit reinkommen."

Ashley verdrehte die Augen. Sie nahm schnell ihre Jacke, Mary-Kate ebenfalls.

„Dacht ich's mir doch, dass ihr es euch noch mal überlegt", sagte Mrs Baker fröhlich. Sie wartete, bis die Mädchen ihre Jacken zugeknöpft hatten. Dann drehte sie sich um und ging – im Schneckentempo – zurück ins Haus.

„Ich kann's einfach nicht glauben, dass Mrs Baker euer Babysitter ist", flüsterte Max. „Sie ist schon so alt, dass sie garantiert früher ins Bett geht als ihr."

„Sie kann uns noch nicht mal auseinander halten", beschwerte Ashley sich. „Sie will, dass wir Namensschildchen tragen!"

„Na ja, sie wird nicht lange unser Babysitter sein", erklärte Mary-Kate. „Ich hab nämlich beschlossen, dass wir dieses Jahr keinen brauchen."

Ashley starrte ihre Schwester an. „Meinst du das ernst, Mary-Kate? Versuch das mal Dad beizubringen."

„Dad muss nichts davon wissen", murmelte Mary-Kate und tippte sich an die Stirn. „Ich habe einen Plan."

„Welchen Plan?", fragte Max und riss die Augen auf.

„Ich arbeite noch an den Einzelheiten", gab Mary-Kate zu. „Aber mir wird schon was einfallen."

„Hey, Leute", rief in diesem Augenblick eine Stimme.

Ashley schaute auf. Eine rothaarige junge Frau in Jeans und Plateausandalen betrachtete eingehend das Haus.

„Wow!", sagte Ashley leise zu Mary-Kate. „Schau dir nur ihr Outfit an. *Das* nenne ich Stil."

„Glaubst du, dass das ihre echte Haarfarbe ist?", flüsterte Mary-Kate zurück.

Die junge Frau ging die Stufen hoch zu den Zwillingen „Ist das hier Belmont Nr. 38?", fragte sie.

„Warum?", schoss Mary-Kate zurück. „Sind Sie ein Bulle?"

„Nee", sagte die Frau mit einem Lächeln. „Mein Name ist Carrie, und ich bin hier, um mich für den Babysitterjob zu bewerben. Ich hab den Flyer eures Dads an der Hochschule ausliegen sehen."

Ashley schoss kerzengerade hoch.

Oje. Das schreckliche Wort mit B!

„Zu spät", sagte Mary-Kate schnell. „Die Stelle ist gerade vergeben worden."

Ashley verkniff sich ein Grinsen. Wenn es um blitzschnelles Denken ging, konnte sie sich immer auf Mary-Kate verlassen.

„Oh nein!" Carrie sah enttäuscht aus.

Mary-Kate zuckte mit den Schultern. „Tut mir Leid."

„Schätze, heute ist nicht Ihr Tag", sagte Ashley zu Carrie. „Aber wenn Sie Ihre Telefonnummer dalassen wollen, können wir sie unserem Dad geben. Er müsste in ein paar Minuten da sein."

Carrie kniff die Augen zusammen.

„Wirklich?", fragte sie. „Aber wie kann euer Dad schon einen Babysitter engagiert haben, wenn er noch gar nicht da ist?"

Ups! Ashley merkte, dass sie knallrot geworden war.

Max lehnte sich auf den Stufen zurück und lachte schallend.

„Oh!", rief er. „Erwischt!"

Mary-Kate funkelte ihn wütend an. „Hey, Max", sagte sie zwischen zusammengebissenen Zähnen. „Da will dich jemand auf der anderen Straßenseite sprechen."

„Ach, echt?", fragte Max. Er streckte seinen Kopf hoch und spähte über die Straße „Wer denn?"

„Ich!", schnappte Mary-Kate.

„Okay, okay", sagte Max. Er sprang von den Stufen hoch und nahm seine Bücher. „Bin schon weg."

Carrie gluckste, als Max die Straße hinunterrannte. Dann setzte sie sich neben die Zwillinge auf die Stufen.

„Hey, ich kann ja verstehen, warum ihr beide niemanden haben wollt, der ständig auf euch aufpasst", sagte sie. „Es gibt sicher viel, was euch im Kopf herumgeht – Schule, Haare, Outfit, Jungs."

Ashley grinste Mary-Kate an. „Sie kennt mich ziemlich gut."

„Outfit, Jungs – na toll", sagte Mary-Kate angewidert. „Wenn sie mir nicht beibringen kann, wie ich einen Dreher beim Pitchen hinbekomme, kommt sie als Babysitter auf keinen Fall infrage."

„Weiß nicht, ob ich das hinkriege", sagte Carrie. „Aber ich kann dir einen tollen Slider zeigen, den ich im *Fantasia* Baseballcamp gelernt habe."

Mary-Kate riss die Augen auf.

„Du warst im Baseballcamp?", rief sie. „War's schön?"

„Soll das ein Witz sein?", rief Carrie. „Ein Mädchen und zweiundzwanzig Jungs. Und ob das schön war!"

„Was machst du denn sonst noch gern?", fragte Ashley Carrie. „Du weißt schon. Außer Baseball."

Carrie zählte an den Fingern ab. „Lass mal überlegen. Ich höre gern CDs, schau mir so viele Filme wie möglich an ... ach ja, und shoppen."

„Hast du *shoppen* gesagt?", fragte Ashley und riss die Augen auf. Jetzt kamen sie der Sache schon näher!

„Oh, klar", sagte Carrie. Sie wackelte mit den Plateausandalen auf und ab. „Ich wünschte, ich wäre ein Hundertfüßer, damit ich mir mehr Schuhe kaufen kann."

Ashley lachte. Sie wollte immer noch keinen Babysitter – aber wenn sie schon einen haben mussten, wäre Carrie gar nicht so schlecht!

„Carrie?", fragte Mary-Kate. „Kannst du mir beibringen, wie ich an die erste Base rutsche?"

„Leihst du mir ein paar von deinen Sachen?", fragte Ashley und rückte näher zu Carrie.

„Oh Mann!" Carrie lachte und hielt die Hände hoch. „Ich hab den Job doch noch gar nicht."

„Hallo, Mädchen, bin wieder da!", rief Kevin in diesem Augenblick, als er um die Ecke bog.

„Überlass uns das", flüsterte Ashley zuversichtlich. „Der Job gehört dir – vertrau mir!"

5. Kapitel

Als Kevin die Straße hinaufschlenderte, sah er, dass Mary-Kate und Ashley ihm entgegenliefen.

„Dad, Dad!", rief Ashley. „Wir haben die perfekte Frau gefunden, die nach der Schule auf uns aufpasst!"

„Ja, sie ist toll!", stimmte Mary-Kate zu. „Sie kann mit mir Baseball spielen und mit Ashley shoppen gehen."

Kevin hob die Augenbrauen. „Jemand, den ihr *beide* mögt?", fragte er. „Vielleicht sollte ich sie heiraten."

Er warf einen Blick zu der jungen Frau, die auf seiner Veranda stand.

Dann erstarrte er. Es war Carrie Moore!

„Professor Burke", sagte sie und klang überrascht.

„Andererseits will ich sie vielleicht doch nicht heiraten", murmelte Kevin in sich hinein. Er konnte es nicht glauben. Er wollte einen Babysitter engagieren – nicht jemanden, der einen Babysitter *brauchte*! Carrie war für diesen Job die absolute Fehlbesetzung!

Carrie faltete den hellrosa Zettel auseinander und wedelte damit in der Luft herum. „Ich hatte ja keine Ahnung, dass der Flyer von Ihnen ist, Professor Burke."

„Die Welt scheint ziemlich klein zu sein", brachte Kevin heraus. *Zu klein!*

„He, Moment mal." Mary-Kate hielt die Hand hoch. „Kennt ihr beide euch irgendwie?"

„Ja", meinte Ashley und rümpfte die Nase. „Seid ihr so was wie ... Freunde?"

Kevin spürte, dass er rot wurde. Er öffnete den Mund, um zu protestieren. Doch Carrie kam ihm zuvor.

„Ich bin in einer der Klassen eures Dads", erklärte sie.

Ashley brach in Lachen aus. „Du meinst, unser Dad ist dein Lehrer?"

„Hat er dir auch am ersten Tag Hausaufgaben aufgegeben?", fragte Mary-Kate mit verschlagenem Grinsen.

Kevin streckte die Hand aus und zerzauste Mary-Kates Haare. Zeit für ein kleines Gespräch unter vier Augen.

„Wollt ihr beiden nicht schon mal das Geschirr fürs Dinner abwaschen, während ich mit Carrie rede?", schlug er vor.

„Klar, Dad", sagte Ashley. Sie lächelte Carrie an und winkte. „Tschüs, Carrie."

„Hoffentlich bis bald", sagte Mary-Kate. Sie hob den Daumen und streckte ihn ihrem Vater entgegen. „Ziemlich bald."

Kevin beobachtete, wie seine Töchter ins Haus liefen. Sie schienen Carrie sehr zu mögen.

Wenn es ihm nur genauso gehen würde!

„Dies ist der perfekte Job für mich, Professor Burke", sagte Carrie vertraulich. „Ihr Haus ist in der Nähe des College, und ihre Mädchen sind großartig. Davon abgesehen bin ich schon ein bisschen zu alt, um Burger umzudrehen."

„Carrie ...", begann Kevin.

Carrie rieb sich die Hände. „Also, wann kann ich anfangen?"

Fortsetzung folgt auf Seite 42

Mary-Kate und Ashleys
Tipps für die perfekte Pyjamaparty!

Wir lieben Pyjamapartys. Dabei kann man seine Freundinnen treffen, sich gegenseitig schön machen (Nägel! Haare! Lipgloss!) und außerdem jede Menge Lieblingssnacks verdrücken. Damit deine Pyjamaparty ein voller Erfolg wird, gibt es ein paar Dinge zu beachten.

Wie viele Gäste soll ich einladen?

- Eine Pyjamaparty sollte klein und gemütlich bleiben.
- Überlege, wie viele Mädchen in deinem Zimmer bequem übernachten können – es sei denn, du lebst in einem Schloss ...
- Beschränke dich auf höchstens fünf Freundinnen. Dann seid ihr zu sechst, und das ist für eine kleine, gemütliche Party mehr als genug.

Was sind die besten Mitternachtssnacks?

- Ein paar Dips, z. B. Ketchup, Majo oder – selbst gemacht und superlecker! – Crème Fraiche mit Senf, etwas Salz und Pfeffer; wir lieben besonders Hummus, eine orientalische Spezialität aus pürierten Kichererbsen.
- Und zum Eintunken: Tortillachips, Salzstangen und Gemüsestreifen (Karotten, Paprika usw.)
- Oder was Süßes? Eis, Schokoladenkuchen und Kekse schmecken immer!

Was können wir unternehmen?

- Probiert Frisuren aus, die ihr noch nie hattet!
- Legt euren Lieblingssong ein und erfindet dazu coole Tanzschritte, die ihr allen in der Schule zeigen könnt.
- Lackiert euch gegenseitig die Zehennägel!
- Experimentiert mit Make-up-Farben. Macht nichts, wenn's mal danebengeht, ihr geht ja nicht aus!

Quiz

Welcher Pyjama-Typ bist du?

Was für einen Pyjama trägst du auf der Party?

- ✿ Ein XXL-T-Shirt mit einem Bärchen drauf
- ✿ Ein süßes, kurzes Nachthemd
- ✿ Ein verführerisches Teil aus Satin

Psssssst!
Versprecht euch zu Beginn einer Pyjamaparty, dass alles, was ihr euch gegenseitig erzählen werdet, nicht weitergetratscht wird.

Wie sehen deine Hausschuhe aus?

- ✿ Pantoffeln mit kleinen Absätzen und Federpuscheln
- ✿ Wie kleine Plüschtiere
- ✿ Ich habe sie selbst total niedlich verziert

Und dein Morgenmantel?

- ✿ Ein richtiges Negligé – bodenlang und total elegant
- ✿ Ein Frotteebademantel, wie ich ihn schon als kleines Kind hatte
- ✿ Er hat einen Pelzkragen

Überwiegend ✿
Wow, du bist eine echte Diva! Selbst bei einer Pyjamaparty bleibst du deinem schillernden Stil treu. Aber vergiss nicht, dass du hier bist, um Spaß zu haben – trag dein perfektes Haar offen und entspann dich!

Überwiegend ✿
Du bist total romantisch und liebst es, mit deinen Freundinnen über alles zu quatschen: Mode, Jungs, die neuesten Frisurentrends, Jungs, Make-up und, ach ja, natürlich Jungs!

Überwiegend ✿
Du besitzt einen umwerfenden Humor und weißt, wie du deine Freundinnen so richtig zum Lachen bringen kannst. Wenn du dabei bist, ist Spaß garantiert!

Mary-Kate und Ashleys
coole Fashion- und Styling-Tipps

Wir sind totale Modefreaks und haben sogar eine eigene Modekollektion entworfen. Ist das nicht total cool?

Welcher Fashion-Typ du bist, erfährst du im folgenden Test.

STYLING-TIPP
Mit coolen Accessoires peppst du selbst das alltäglichste Outfit auf!

Du gehst mit der Schule auf eine Geographie-Exkursion. Dabei werdet ihr den ganzen Tag über schlammige Felder stapfen. Was hast du auf jeden Fall dabei?

- Einen orange-gelb gestreiften Wollpulli, den mir meine Oma gestrickt hat und der mir bis zu den Knien reicht
- Ein Ersatzset falsche Fingernägel, falls mir ein Nagel abbricht
- Einen witzigen Rucksack mit allem, was nützlich sein könnte: Snacks, Taschenlampe, Wasserflasche ...

STYLING-TIPP
Mode kann man kaufen, Stil nicht!

Super Neuigkeiten: Deine Eltern erlauben, dass du deinen Geburtstag mit zehn Freundinnen an einem Ort deiner Wahl feiern darfst! Wofür entscheidest du dich?

- Wir gehen erst ins Kino und genehmigen uns danach eine Pizza
- Kaffee und Kuchen am Nachmittag
- Ich miete einen DJ und feiere in meiner eigenen Disco – voller Glitzer, Musik und Glamour!

FASHION-TIPP
Ein Lächeln kommt nie aus der Mode!

Deine Vorstellung von einem traumhaften Abend:

- ✿ Eine Kinopremiere, und ich auf Tuchfühlung mit den Stars!
- ✿ Zu Hause bleiben und meine Lieblingsserien gucken
- ✿ Eine Party mit all meinen Freunden: Cool gestylt mit Freundinnen quatschen, abtanzen und leckere Häppchen essen

FASHION-TIPP
Jeans + T-Shirt = die perfekte Kombination!

Als Belohnung für deine guten Schulnoten darfst du dir ein Outfit aussuchen. Was kommt in deine Einkaufstüte?

- ✿ Ein super Teil voller Pailletten und Glitzersteine – ich kann es kaum erwarten, es auf der nächsten Party vorzuführen!
- ✿ Eine coole, abgeschnittene Jeans und ein süßes Top – zum Abhängen am Wochenende
- ✿ Ich habe genug Klamotten, aber ein Paar Socken und ein oder zwei neue Unterhemden könnte ich noch gebrauchen

Überwiegend ✿
Du bist eine absolute **PARTYQUEEN** und weißt genau, mit welchem Styling du Eindruck schinden kannst. Aber vergiss nicht, dass Stil etwas für jeden Tag ist, nicht nur für besondere Gelegenheiten. Du solltest immer auch ein paar dezentere Outfits im Schrank haben, wenn du mal nicht so auffallen willst.

Überwiegend ✿
Andere Dinge sind dir viel wichtiger als Kleider. Dein Motto: **KEIN KLAMOTTENSTRESS!** Und hey, das ist auch gut so. Vertrau auf deinen eigenen Stil und kümmere dich nicht um die neuesten Trends, wenn du keine Lust dazu hast. Hauptsache, du fühlst dich wohl in deinen Lieblingsfarben und -outfits.

Überwiegend ✿
Mode ist für dich nicht die wichtigste Sache der Welt, aber dennoch schaffst du es immer wieder, gut auszusehen. Warum? Du hast einfach **IMMER DEN RICHTIGEN RIECHER!** Du ziehst dich passend zum Anlass an und schaffst es, nicht zum Fashion-Victim zu werden. Glückwunsch!

STYLING-TIPP
Glaub an dich selbst! Das ist das Geheimnis für guten Stil.

Ein unschlagbares Team

Fortsetzung von Seite 37

„An… anfangen?", stammelte Kevin.

Oje! Wie konnte er Carrie nur beibringen, dass sie absolut nicht infrage kam?

„Carrie, ich habe den Flyer erst heute Morgen ausgelegt", sagte er schließlich. „Ich möchte mir noch ein paar andere Leute ansehen. Ich mach Ihnen einen Vorschlag – ich rufe Sie an."

Carrie sah ihn lange an. „Nein, das tun Sie nicht", sagte sie schließlich.

Kevin hob die Augenbrauen. „Entschuldigung?"

„Herr Professor, der letzte Typ, der zu mir gesagt hat ‚Ich ruf dich an', war Bobby Clayton an der Junior Highschool", sagte Carrie zu ihm. Ein Lächeln huschte über ihr Gesicht. „Und ich glaube, dass ich eher was von Bobby höre als von Ihnen."

Sie stapfte davon und rief über die Schulter: „Viel Glück, Professor Burke. Ich hoffe, dass Sie jemand Tolles finden."

Kevin atmete tief durch. *Das war eine ziemlich harte Nuss. Aber ich habe die richtige Entscheidung getroffen,* dachte er, als er sich zum Haus umwandte.

Dann schaute er auf und sah Mary-Kate und Ashley, die ihre Nasen gegen die Fensterscheibe pressten.

Abrupt blieb er stehen.

Oder … vielleicht doch nicht?, fragte er sich.

6. Kapitel

„Wollt ihr das ganze Zeug mit nach oben in die Mansarde nehmen?", fragte Kevin, als er am folgenden Nachmittag die Küche betrat.

„Ist doch nur ein kleiner Imbiss", sagte Mary-Kate.

Kevin spähte in den Picknickkorb, den sie gerade packten. Er war bis oben voll mit Plätzchen, Brezeln, Chips und einer Riesenflasche Soda. Ein Junkfood-Festmahl!

„Wen wollt ihr denn da oben mästen?", fragte er. „Die *Chicago Cubs*?"

„Witzig, dass du gerade von Baseball sprichst, Dad", sagte Mary-Kate. „Max, Jessica und Brian sind oben. Wir haben ein Strategietreffen wegen des Softballspiels am nächsten Montag."

Ashley hob den Picknickkorb von der Anrichte. „Meine Strategie ist, nicht zu spielen", verkündete sie.

Als die Zwillinge auf die Treppe zusteuerten, atmete Kevin tief durch.

Ich habe lange genug gewartet. Jetzt oder nie, sagte er zu sich selbst.

Also los …

„Ach, was ich noch sagen wollte", rief er und versuchte, beiläufig zu klingen. „Ich habe Mrs Baker als ständige Hilfe engagiert, damit sie nach der Schule auf euch aufpasst."

Mary-Kate und Ashley blieben stehen. Sie drehten sich um und starrten ihn ungläubig an.

„Mrs Baker?", rief Mary-Kate. „Aber sie ist *uralt*!"

„Ja wirklich", stimmte Ashley zu. „Wir können noch nicht mal mit ihr reden. Sie ist wie … aus dem Mittelalter."

„Und was ist eigentlich mit Carrie?", fragte Mary-Kate.

„Sie war so cool", fügte Ashley hinzu.

„Das ist ja das Problem", sagte Kevin.

„Carrie war ein bisschen *zu* cool. Ich brauche jemand Verlässlicheren, der nach der Schule auf euch aufpasst. Ein bisschen weniger ... flatterhaft."

„Carrie ist nicht flatterhaft", sagte Ashley. „Sie ist witzig. So wie Mom."

„Genau." Mary-Kate nickte. „Carrie mag sogar Sport und Shopping, so wie Mom."

„Eure Mom?" Kevin hob die Augenbrauen. Jetzt, da er an sie dachte, merkte er, dass Carrie ihn ein bisschen an sie erinnerte ...

Moment mal – was hatte er da gerade gedacht?

Zurück zum Wesentlichen. „Okay", sagte Kevin. „Wie wär's damit? Carrie ist die Erste, die an zweiter Stelle kommt. Wenn Mrs Baker ihre Rolle als Babysitter nicht ausfüllen kann, darf Carrie einspringen."

Mary-Kate seufzte. „Mit anderen Worten, vergiss es."

Die Mädchen stapften aus der Küche.

„Gebt Mrs Baker doch einfach eine Chance", rief Kevin. „Ich hab gehört, dass sie als Babysitter bei Leonardo DiCaprio war!"

Die Küchentür fiel mit lautem Krach zu.

„Nein", sagte er zu sich selbst. „Ich glaub nicht, dass sie mir das abgekauft haben."

„Hallo, Leute", sagte Mary-Kate, als sie mit Ashley die Mansarde betrat.

Der kleine Raum unter dem Dach war der private Treffpunkt der Zwillinge. Es gab ein großes klobiges Sofa und einen kunterbunten Teppich am Boden. Poster von Rockstars und Sportlern bedeckten die Wände. Und neben dem Fenster stand sogar ein Teleskop, mit dem man die Sterne beobachten konnte. Oder die Nachbarn.

„Yo!", grüßte ihr Freund Brian sie. Er, Max und Jessica waren damit beschäftigt Bälle in einen Korb zu werfen.

„Schlechte Nachrichten", sagte Ashley und stellte den Imbisskorb auf den kleinen Tisch. „Dad hat Mrs Baker engagiert, damit sie nach der Schule auf uns aufpasst."

„Und was ist mit Carrie?", fragte Jessica.

„Gehört der Vergangenheit an", sagte Ashley. „Außer Mrs Baker passiert irgendwas."

„Kein Problem", sagte Brian. Er schlug mit der Faust in seine Handfläche. „Ich kenne ein paar ziemlich harte Jungs aus der siebten Klasse."

„Brian, du Idiot", schnappte Mary-Kate und gab ihm eine Kopfnuss. „Wir wollen ihr doch nichts antun. Wir wollen nur, dass sie was anderes findet, mit dem sie sich beschäftigen kann, damit sie keine Zeit mehr hat, auf uns aufzupassen. Dann muss unser Dad Carrie engagieren."

„Wir sollten alle mal darüber nachdenken", schlug Ashley vor.

„Klar", sagte Max. Er ließ sich direkt neben dem Picknickkorb fallen. „Aber nicht mit leerem Magen."

Die einzigen Geräusche, die man kurz darauf in der Mansarde hörte, waren Schmatzen, Kauen und Schlucken. Mary-Kate grinste. Das konnte nichts anderes bedeuten, als dass ihre Freunde schwer nachdachten.

Plötzlich sprang Jessica auf.

„Ich hab's!", sagte sie. „Warum verschafft ihr Mrs Baker keinen Job?"

„Einen Job?", fragte Ashley. „Wo denn?"

„Im Schnellimbiss stellen sie Senioren ein", stellte Jessica fest.

„Na klar." Max stöhnte. „Und dann nennt man das *Langsamimbiss*."

„He, Leute, könnten wir zur Sache kommen?", bettelte Ashley. „Wir müssen uns was einfallen lassen."

„Wenn ich noch mehr nachdenke, explodiert mein Gehirn", beschwerte Max sich.

„Welches Gehirn?", witzelte Brian.

Die Kids versanken wieder in ihre Gedanken. Schließlich sprang Brian auf und schnippte mit den Fingern.

„Ich hab's!", rief er.

„Was denn?", fragten alle gleichzeitig.

„Wisst ihr, wann meine Mom mich immer in Ruhe lässt?", fragte Brian. „Wenn sie einen Freund hat!"

Mary-Kate wusste, dass Brians Mom geschieden war und sich gern mit Männern verabredete – aber sie war auch dreißig Jahre jünger als Mrs Baker!

„Wer will denn schon mit einer siebzigjährigen Lady ausgehen?", fragte Mary-Kate.

In der Mansarde war es so still, dass man eine Nadel hätte fallen hören.

Dann unterbrach Ashley das Schweigen.

„Wie wär's mit einem siebzigjährigen Mann?", schlug sie vor.

Max schnaubte. „Wo sollen wir denn einen siebzig Jahre alten Mann finden?", fragte er.

Mary-Kate hatte das Gefühl, als ob in ihrem Kopf plötzlich ein Licht angegangen wäre. Sie sprang auf und lief zu dem Teleskop am Fenster.

„Mary-Kate, spionierst du wieder unsere Nachbarn aus?", fragte Ashley.

„Nee", erwiderte Mary-Kate. „Ich muss nur was rausfinden."

„Rausfinden?", wiederholte Ashley.

Mary-Kate zielte mit dem Teleskop aus dem Fenster und schob es langsam vor und zurück.

„Was siehst du denn?", fragte Jessica.

Mary-Kate suchte jeden Zentimeter der Belmont Street ab.

„Ich sehe mit meinem Luchsauge ... einen Jungen, der einen Golden Retriever ausführt ... einen Lebensmittelwagen ... und einen alten Mann, der gerade Post bekommt ..."

Mary-Kate schnappte nach Luft. Sie presste ihr Auge an das Teleskop, um noch besser sehen zu können. Der glatzköpfige ältere Mann, der gerade seine Post in Empfang nahm, war Mr Fillmore, der ein kleines Stück weiter unten an der Straße wohnte. Er trug ein kariertes Hemd und darüber eine Wolljacke.

„Mr Fillmore. Natürlich – das ist die Lösung!", keuchte Mary-Kate.

Er passte perfekt!

7. Kapitel

„Alles klar, wir sind startbereit", berichtete Ashley Mary-Kate.

Es war schon später Nachmittag. Die Zwillinge standen draußen vor ihrem Haus und waren dabei, ihren Heiratsvermittlungsplan in die Tat umzusetzen.

„Okay, ich knöpf mir Mr Fillmore vor", flüsterte Mary-Kate ihrer Schwester zu. „Und du streust ein bisschen Zauberstaub auf Mrs Bakers Kopf."

Ashley schaute zu der weißhaarigen Mrs Baker hoch. Die saß oben auf der Veranda in einem Schaukelstuhl. Sie strickte irgendetwas – wahrscheinlich noch mehr warme Jacken für die Zwillinge.

„Alles klar", sagte Ashley.

Zwei Häuser weiter fegte Mr Fillmore den Weg vor seiner Treppe. Mary-Kate schlenderte zu ihm und sah ihn lange und eindringlich an.

Mr Fillmore schaute von seinem Besen auf. „Stimmt was nicht, Mary-Kate?", fragte er.

„Tut mir Leid, dass ich Sie angestarrt habe, Mr Fillmore", sagte Mary-Kate. „Aber ich sehe es einfach nicht."

„Was denn?", fragte Mr Fillmore.

„Mrs Baker hat gesagt, dass Sie wie ein Filmstar aussehen", sagte Mary-Kate. „Aber das sagt sie wahrscheinlich deshalb, weil sie total verliebt in Sie ist."

Mr Fillmore umklammerte den Besen. Er beugte sich zu Mary-Kate vor. „Hast du gesagt ... verliebt?", fragte er. „In mich?"

Mary-Kate nickte. „Gucken Sie jetzt nicht. Sie starrt Sie gerade an."

Mr Fillmore schaute schnell hoch. Mrs Baker war über ihr Strickzeug gebeugt.

„Sie hat sich gerade weggedreht", sagte Mary-Kate. „Ich hab Ihnen doch gesagt, Sie sollen nicht gucken."

Ashley hatte die ganze Szene genau beobachtet. Sie nickte. Jetzt war sie an der Reihe!

Sie setzte sich neben Mrs Baker auf die Veranda. „Arme Mary-Kate", sagte sie.

„Was ist denn mit Mary-Kate, meine Liebe?", fragte Mrs Baker. Ihre Augen klebten nach wie vor an ihrem Strickzeug.

„Mr Fillmore quetscht sie wieder mal aus, über Sie", erklärte Ashley.

Mrs Baker sah von ihrer Strickerei auf.

„Ach du lieber Himmel!", rief sie. „Warum sollte er so etwas tun?"

„Alle wissen doch, dass er total verliebt in Sie ist", sagte Ashley und lächelte geheimnisvoll. „Was glauben Sie denn, warum er Sie immer anstarrt?"

„Komisch." Mrs Baker runzelte die Stirn. „Ich habe noch nie bemerkt, dass er mich anstarrt."

„Weil er sich immer umdreht, wenn Sie zum ihm schauen", erklärte Ashley.

„Stimmt das?" Mrs Bakers Wangen waren von einem leichten Rosa überzogen. Sie spähte zu Mr Fillmore.

Ashley folgte dem Blick des Babysitters. Tatsächlich starrte Mr Fillmore Mrs Baker an. *Gut gemacht, Mary-Kate!* Im Stillen applaudierte Ashley ihrer Schwester.

Mrs Baker kicherte, als er sich schnell abwandte. „Er hat mich tatsächlich angeschaut, Ashley!"

„Würde ich Sie denn anlügen?", fragte Ashley mit einem verstohlenen Grinsen.

„Du hast Recht, Mary-Kate! Sie hat mich tatsächlich angesehen!", rief Mr Fillmore zwei Häuser weiter.

Ja!, dachte Mary-Kate aufgeregt. *Jetzt kommt der nächste Schritt.*

„Äh, Mr Fillmore", sagte sie. „Vielleicht sollten Sie Mrs Baker um ein Date bitten. Ich hab gehört, dass es bei *Sizzler's* für Schnellentschlossene tolle Spezialitäten gibt."

Mr Fillmore kratzte sich am Kinn. „Schnellentschlossene? Wie?" Er beugte sich zu Mary-Kate. „Ich mag am liebsten ihr Hühnchen Malibu", stimmte er mit einem Grinsen zu.

„Und Mrs Baker ist ganz verrückt nach der Salatbar", sagte Mary-Kate. Sie gab Mr Fillmore einen leichten Klaps auf den Rücken. „Fragen Sie sie doch einfach."

Mr Fillmore drehte sich zu Mrs Baker.

„Moment noch!" Mary-Kate streckte die Hand aus. „Den Besen lassen Sie besser hier."

Mr Fillmore gab Mary-Kate den Besen. Dann straffte er die Schultern und stolzierte zu Mrs Baker.

„Ah!" Mary-Kate seufzte. Sie stützte sich auf dem Besen ab und lächelte. „Ist die Liebe nicht etwas Wunderbares?"

Der erste Teil des Plans war ohne Haken über die Bühne gegangen.

Nun zum zweiten Teil – sie mussten ihren Dad dazu bringen, Carrie zu engagieren!

8. Kapitel

„Aber Mrs Baker, ich verstehe nicht“, protestierte Kevin. Er stand mitten im Wohnzimmer und schüttelte den Kopf. „Noch vor zwei Tagen waren Sie ganz versessen darauf, diesen Job zu bekommen.“

Mrs Baker umklammerte ihre Handtasche. Sie trug eine brandneue Strickjacke – und einen brandneuen Lippenstift.

„Noch vor zwei Tagen war es der Höhepunkt meines Lebens, Thunfischsandwiches zu machen“, sagte sie. Sie straffte die Schultern und lächelte. „Aber jetzt habe ich einen *Freund*!“

Mary-Kate stupste Ashley verstohlen an.

„Aber Mrs Baker“, bettelte Kevin. „Ich brauche sie doch nur für ein paar Stündchen am Nachmittag.“

Mrs Baker schüttelte den Kopf. „Tut mir Leid, aber das genau sind Henrys beste Stunden.“

„Henry?“, fragte Kevin.

„Mr Fillmore, Dad“, flüsterte Ashley.

Kevins Augen weiteten sich. „Ach so!“

Mary-Kate sprang vom Sofa auf und umarmte Mrs Baker. „Oh, Mrs Baker“, sagte sie. „Ich werde Sie so vermissen. Müssen Sie denn wirklich gehen?“

Ashley unterdrückte ein Grinsen. Ihre Schwester trug manchmal tatsächlich ein bisschen zu dick auf!

„Ja, muss ich“, sagte Mrs Baker. „Aber du kannst mich jederzeit bei Mr Fillmore besuchen, meine Liebe.“

„Gibt es irgendetwas, mit dem ich Sie umstimmen könnte?“, fragte Kevin. „Mehr ... Geld?“

Ashley schluckte. Ihr Dad hatte gerade das Zauberwort ausgesprochen. Würde Mrs Baker ihre Meinung ändern und das Geld über die Liebe stellen?

Doch Mrs Baker schüttelte den Kopf. „Ich habe mich entschieden“, sagte sie bestimmt. „Wenn Sie mich jetzt entschuldigen würden, Henry und ich haben Pläne. Heute ist Seniorenabend an der Rennstrecke.“

Einen Moment später beobachteten die Zwillinge, wie Mrs Baker ihr Haus verließ. Für immer.

Kevin stieß einen tiefen Seufzer aus. „Schätze, jetzt bleibt uns nichts anderes übrig, als eine zu bestechen“, sagte er.

Ashley sprang auf. „Moment mal, Dad“, sagte sie. „Hattest du nicht noch eine zweite zur Auswahl? Wie hieß sie noch gleich? Mary? Terry? Cherie?“

Kevin wollte gerade den Mund öffnen, als es an der Haustür klingelte. Mary-Kate und Ashley folgten ihrem Vater zur Tür.

Als Kevin öffnete, blieb sein Mund offen stehen.

„Carrie!“, rief er aus.

„Das ist es!“, sagte Ashley und versuchte krampfhaft, nicht zu lachen. „*Carrie*!“

„Hi, Professor Burke“, sagte Carrie. „Sie haben angerufen?“

„H... hab ich?“, stammelte Kevin.

„Eigentlich war Ashley diejenige, die angerufen hat“, sagte Carrie. „Aber sie hat mir Ihre Nachricht übermittelt.“

Kevin warf einen Blick zu Ashley. Seine Augen verengten sich.

„Ja, doch, danke Ashley“, sagte er. „Also kannst du meine Gedanken lesen, was?“

Ashley zuckte mit den Schultern. „Glaub schon.“

Kevin trat zu ihr. „Kannst du denn auch jetzt meine Gedanken lesen?“

Ashley schluckte hart. Was sie las, war ... Ärger!

„Na komm schon, Dad.“ Mary-Kate sprang ihrer Schwester bei. „Ashley hat nur versucht zu helfen. Außerdem war Carrie deine erste Ersatzfrau. Weißt du noch?"

„Das war sie", murmelte Kevin. Er schüttelte kaum merklich den Kopf, dann wandte er sich wieder zu Carrie um. „Sieht so aus, als seien Sie engagiert."

„Ja!", jubelte Mary-Kate hinter vorgehaltener Hand.

„Ashley?", fragte Kevin. „Da du jetzt hier die Verantwortung zu haben scheinst ... wie viel soll ich ihr denn zahlen?"

Ashley grinste. „Carrie und ich verhandeln noch."

„Aber keine Sorge, Professor Burke", fügte Carrie hinzu. „Ashleys Angebot war ziemlich fair."

Die Zwillinge lachten und streckten die Hände zum Siegeszeichen in die Luft.

Sie hatten gerade einen Babysitter verloren – und eine neue, echt coole Freundin gewonnen!

9. Kapitel

„Also, damit ich das richtig verstehe", sagte Carrie und schenkte Milch in die Gläser der Zwillinge. „Ihr beide könnt jeweils die Gedanken der anderen lesen?"

„Manchmal", sagte Mary-Kate. „Das ist das Zwillings-Geheimnis."

„Aber keine Sorge, Carrie", sagte Ashley. Sie nahm einen Schluck Milch. „Wir tauschen keine geheimen Botschaften aus oder so was Ähnliches. Wir werden heute die reinsten Engel sein."

„Warum heute?", fragte Carrie. Sie setzte sich zwischen die Zwillinge an den Küchentisch.

„Weil wir nicht wollen, dass du schon heute das Handtuch wirfst." Mary-Kate zwinkerte Ashley verstohlen zu. „So wie all die anderen Babysitter."

„Wie bitte?", keuchte Carrie.

„War nur ein Scherz!", sagte Mary-Kate lachend.

Es war halb vier am Nachmittag. Sie und Ashley waren nach der Schule nach Hause gerannt, um den restlichen Tag mit Carrie zu verbringen.

„Also, was machen wir heute noch, Carrie?", fragte Ashley. „Gehen wir ins Einkaufszentrum?"

„Nein – auf keinen Fall", protestierte Mary-Kate. „Carrie will mir beibringen, wie man einen Dreher beim Pitchen hinbekommt. Stimmt's, Carrie?"

„Tut mir Leid, dass ich euch beide enttäuschen muss", sagte Carrie. „Aber wir üben weder Würfe noch gehen wir shoppen."

„Was denn dann?", fragte Mary-Kate. Vielleicht hatte Carrie ja etwas noch viel Besseres vor. So was wie Inlineskaten oder nach Baseballkarten schauen.

„Ihr werdet eure Hausaufgaben machen", sagte Carrie.

„*Hausaufgaben*?", schrie Mary-Kate.

Und dafür waren sie nach Hause gerannt?

„Normalerweise machen wir unsere Hausaufgaben *nach* dem Abendessen", sagte Ashley. „Zwischen den TV-Serien."

„Hört zu", sagte Carrie. „Ich weiß, dass Hausaufgaben manchmal ganz schön ätzend sein können, aber ist es nicht besser, sie schnell zu erledigen ? Dann könnt ihr mit dem Rest des Tages machen, was ihr wollt."

Vielleicht hat sie Recht, dachte Mary-Kate. *Von der Seite habe ich das noch nie betrachtet.*

Das Telefon klingelte. Mary-Kate sprang auf, um dranzugehen.

Fortsetzung folgt auf Seite 60

Wie gut kennst du Mary-Kate und Ashley?

Hast du auch schon mal darüber nachgedacht, wie es wäre, uns als beste Freundinnen zu haben? Dann würdest du alles über uns wissen! Mach den Test und finde heraus, wie viel du jetzt schon über uns weißt. Für jede richtige Antwort erhältst du zwei Punkte.

1

Du möchtest uns eine Geburtstagskarte schicken und weißt, dass Ashley älter ist als Mary-Kate. Aber wie viel älter?

✿ Zwei Minuten ✿ Zehn Minuten ✿ Vierzig Minuten

2

In der TV-Serie Ein Zwilling kommt selten allein und in unserer Story Ein unschlagbares Team tragen wir unsere richtigen Vornamen. Wie lautet unser Rollen-Nachname?

✿ Burke ✿ Brown ✿ Black

3

Du besuchst die amerikanische Stadt, in der Ein Zwilling kommt selten allein spielt. Um welche handelt es sich?

✿ New York ✿ Chicago ✿ Detroit

4

Du besuchst uns zu Hause und wirst unserer Familie vorgestellt. Wie heißt unser älterer Bruder?

✿ Trent ✿ Brent ✿ Kent

5

Wir machen uns einen schönen, faulen Fernsehabend mit unseren besten Freundinnen. Was ist unsere Lieblingsserie?

- Die Simpsons
- Friends
- Emergency Room

6

Du gehst mit uns auf große Shoppingtour! Welche Art Schuhe bevorzugen wir?

- Kitten Heels
- Stilettos
- Flipflops

7

Wir laden dich zu unserem Lieblingsfest ein. Welches der folgenden ist es?

- Halloween
- Weihnachten
- Thanksgiving

8

Wir haben dir alles über unsere Anfänge vor der Kamera erzählt. Wie alt waren wir bei unserem ersten Casting?

- Sechs Wochen
- Sieben Monate
- Zwölf Monate

9

Ashley und du unterhaltet euch über die Schule. Was war ihr Lieblingsfach?

- Mathe
- Naturwissenschaften
- Theater-AG

10

Und Mary-Kates Lieblingsfach war?

- Geschichte
- Englisch
- Kunst

Antworten

1 Ashley ist zwei Minuten älter als Mary-Kate.
2 Burke
3 Chicago
4 Unser älterer Bruder heißt Trent.
5 Wir lieben *Friends*.
6 Wir sind verrückt nach Flipflops!
7 Weihnachten ist das Lieblingsfest aller Olsens.
8 Mit sieben Monaten absolvierten wir unser erstes Casting.
9 Ashley steht total auf Mathe!
10 Mary-Kate liebt Englisch.

Wie hast du abgeschnitten?

Unter 10 Punkte

Die schlechte Nachricht: Du weißt weniger über uns, als du dachtest. Die gute: Es gibt viele Filme, in denen wir mitspielen und in denen du mehr über uns erfahren kannst. Also – schnapp dir eine Schüssel Popcorn, lade deine Freundinnen ein und feiert gemeinsam ein „Mary-Kate und Ashley"-Filmfestival!

10 bis 16 Punkte

Hey, du kennst uns ja schon ziemlich gut! Wenn du noch mehr über uns wissen willst, solltest du mal in unseren Büchern schmökern. Such dir ein kuscheliges Plätzchen und los geht's.

Über 16 Punkte

Gratulation! Du weißt mehr über uns als über deine beste Freundin! Die aktuellen News findest du unter www.mary-kateandashley.com – aber vergiss nicht, deine Eltern um Erlaubnis zu fragen, bevor du dich einloggst!

Rätselspaß mit
Mary-Kate und Ashley

richtig

Szenenfoto aus dem Kinofilm Ein verrückter Tag in New York: Die ausgeflippte Roxy (Mary-Kate Olsen, links) und ihre superehrgeizige Schwester Jane (Ashley Olsen, rechts) erleben einen verrückten Tag in New York, der ihr Leben verändern wird.

Hier siehst du zweimal das gleiche Szenenfoto aus dem Kinofilm Ein verrückter Tag in New York. Allerdings haben wir im rechten Bild 10 Fehler versteckt! Kannst du sie alle finden? Die Lösung gibt's auf Seite 92.

falsch

Hast du die 10 Fehler entdeckt? Gut gemacht!

Sag mir deine Glückszahl ...

Numerologie ist die Wissenschaft der Zahlen. Mit ihr kannst du viel über dich selbst erfahren. Dazu musst du deine persönliche Glückszahl herausfinden. Wir zeigen dir, wie's geht!

Schreib deinen vollen Namen auf ein Blatt Papier. Dann suche mit Hilfe der unteren Tabelle heraus, welche Zahl zu welchem Buchstaben gehört. Am Schluss zählst du alle Zahlen zusammen – so lange, bis eine einstellige Zahl übrig bleibt. Das ist deine persönliche Glückszahl!

M	A	R	Y-	K	A	T	E	O	L	S	E	N	
4 +	1 +	9 +	7 +	2 +	1+	2 +	5 +	6 +	3 +	1 +	5 +	5	= 51 5 + 1 = 6

Mary-Kates Glückszahl ist also die 6 ...

A	S	H	L	E	Y	F	U	L	L	E	R
1 +	1 +	8 +	3 +	5 +	7 +	6 +	3 +	3 +	3 +	5 +	9 +

O	L	S	E	N	
6 +	3 +	1 +	5 +	5	= 74 7 + 4 = 11 1 + 1 = 2

Finde deine persönliche Glückszahl!

1	2	3	4	5	6	7	8	9
A	B	C	D	E	F	G	H	I
J	K	L	M	N	O	P	Q	R
S	T	U	V	W	X	Y	Z	

... und Ashleys Glückszahl ist die 2!

... und lies, was sie bedeutet!

1 Du bist ein richtiges Energiebündel und liebst es, Neues auszuprobieren. Ständig suchst du nach neuen Herausforderungen – und erreichst auch vieles, was du dir vorgenommen hast! Du hast deinen eigenen Kleidungsstil gefunden und besitzt eine spezielle Art, dich auszudrücken. Angst davor, Führung zu übernehmen, hast du nicht. Nur manchmal kommst du ein bisschen rechthaberisch rüber ...

Du magst: Dein eigenes Ding durchziehen, verrückte Klamotten, Sport

Du magst nicht: Ausgebremst werden, pleite sein, herumkommandiert werden

2 Du bist zart und sensibel und teilst gerne mit deinen Freundinnen. Außerdem kannst du sehr gut unterscheiden, was für dich wirklich wichtig ist und was nicht. Du hast ein feines Gespür für andere und kannst zwischen ihnen vermitteln, wenn es Krach gibt. Nur manchmal bist du ein wenig zu sensibel – lass dir nicht alles gefallen!

Du magst: Musik hören, alleine sein, Menschen helfen

Du magst nicht: Lärm, schwierige Entscheidungen, Streit

3 Du bist selbstsicher, kontaktfreudig und lernst schnell neue Leute kennen. Am liebsten bist du draußen, statt in einem Zimmer eingesperrt zu sein. Es macht Spaß, mit dir zusammen zu sein, denn du bist fröhlich und lebenslustig. Probleme nimmst du eher locker. Du kannst dich gut auf neue Situationen einstellen und bist bei deinen Freunden beliebt, solltest jedoch aufpassen, dass du bei deinem Tempo kein Chaos hinterlässt.

Du magst: Outdoor-Sportarten, alles Rätselhafte, mit Freunden zusammen sein

Du magst nicht: Kritik, eingeengt werden, langweilige Routine

4 Du bist naturverbunden und liebst den Wald und die Berge. Doch drinnen hast du's am liebsten warm und gemütlich. Du bist sehr verantwortungsbewusst und kannst hart arbeiten. Deine Freunde schätzen an dir, dass du mit beiden Beinen auf dem Boden stehst. Und tüchtig und zielgerichtet, wie du bist, erreichst du normalerweise auch deine Ziele.

Du magst: Shopping, Kochen, die Kontrolle behalten

Du magst nicht: Eintönigkeit, kaltes Wetter, Faulheit

5 Du bist sehr abenteuerlustig und liebst Anspannung und Herausforderungen. Aufgrund deiner angeborenen Neugier versuchst du öfter Neues und liebst Veränderungen. Es macht dir nichts aus, deine Pläne in letzter Minute umzuwerfen, denn du bist gerne spontan. Außerdem bist du sehr mitteilsam, und deine Freunde lieben dich dafür, dass du jeden Spaß mitmachst!

Du magst: Schokolade, alle möglichen Sportarten, Sprachen

Du magst nicht: Eingefahren sein, alleine sein, Stille

6 Egal ob Kleider, Kosmetik oder Schmuck: Du liebst alle schönen Dinge. Dein Zimmer ist ein echter Mädchentraum! Gerne bist du in deinen vier Wänden und feierst dort Pyjamapartys oder kleine Feten mit deinen Freundinnen. Wenn deine Freundinnen sich ausheulen müssen, bist du eine gute Zuhörerin. Wegen deinem starken Gerechtigkeitssinn kannst du auch wertvolle Ratschläge erteilen.

Du magst: Gut aussehen, Essen, Romantik

Du magst nicht: Missachtet werden, Intoleranz, Unordnung

7 Du bist so einfühlsam, dass deine Freundinnen manchmal glauben, du könntest ihre Gedanken lesen! Du träumst gerne, und deine Fantasie geht dabei manchmal mit dir durch. Gleichzeitig bist du aber auch sehr praktisch veranlagt und bestens organisiert. Deinen Hang zum Perfektionismus solltest du allerdings nicht übertreiben!

Du magst: Geheimnisse, Tagträume, Kleider

Du magst nicht: Menschenmengen, Umweltverschmutzung, Unehrlichkeit

8 Du platzt beinahe vor Energie und liebst es, Erfolg zu haben und die Beste zu sein. Für die Schule arbeitest du hart, und wenn es ans Organisieren geht, bist du unerreicht. Klamotten, CDs und DVDs und Schmuck magst du am liebsten – und natürlich Schuhe! Dein Charme ist legendär; nur manchmal wirkst du ein wenig zu ernsthaft. Versuche, die Dinge etwas leichter zu nehmen ...

Du magst: Geld haben, Listen erstellen, Verantwortung tragen

Du magst nicht: Wichtigtuer, Nörgler, bevormundet werden

9 Du bist warm, offen und freundlich und kommst mit allen Menschen klar. Wenn du eine Entscheidung treffen musst, kannst dich auf dein Gespür verlassen, denn meistens liegst du damit richtig. Gerne überlässt du deinen Freundinnen die Entscheidung, was ihr unternehmt. Trotzdem hast du sehr genaue Vorstellungen davon, was richtig und was falsch ist. Außerdem hasst du es, unterdrückt zu werden.

Du magst: Schwimmen, dich verwöhnen, relaxen

Du magst nicht: Egoismus, Ungerechtigkeit, unter Druck gesetzt werden

Mary-Kate und Ashleys Shopping-Guide

Shopping ist für uns das Allergrößte! Wenn du ein paar Dinge beachtest, macht das Ganze bestimmt auch dir jede Menge Spaß.

Welcher Shopping-Typ bist du?

Wo gehst du am liebsten shoppen?

- ✿ (rot) Überall, wo es gute Turnschuhe und Sportsachen gibt
- ✿ (orange) In Secondhandläden
- ✿ (blau) In angesagten Fashion-Boutiquen

Du hast fünf Euro übrig. Wofür gibst du sie aus?

- ✿ (blau) Hauptsächlich für Glitzerzeug
- ✿ (rot) Magazine und Süßigkeiten
- ✿ (orange) Für eine witzige Halskette

Übrigens ...
In Secondhandläden kannst du super Schnäppchen machen!

Was macht dir am meisten Spaß?

- ✿ (orange) Ein Beautyabend zusammen mit meinen Freundinnen
- ✿ (rot) Einen Film ausleihen und Pizza bestellen
- ✿ (blau) Eine Party, für die ich mich so richtig aufstylen kann

In welchem Outfit fühlst du dich am wohlsten?

- ✿ (rot) In Tanktop und Trainingshose
- ✿ (blau) In coolem T-Shirt und abgeschnittenen Jeans
- ✿ (orange) In langem Rock und Wickeltop

Überwiegend ✿ (blau)

Egal, was gerade trendy ist, du musst es auf jeden Fall haben! Du bist immer auf dem Laufenden und weißt, was in und was out ist. Sicherlich verbringst du viel Zeit beim Shopping – lies unsere Tipps, damit du noch mehr davon hast!

Überwiegend ✿ (orange)

Klar magst du Mode! Aber du überlegst dir genau, was du kaufen willst, denn du hast konkrete Vorstellungen von dem, was dir gefällt und was nicht. Du stehst auf Vintageklamotten und Retro-Stil, und beim Shoppen bist du immer auf der Suche nach etwas Besonderem.

Überwiegend ✿ (rot)

Du verbringst deine Zeit am liebsten mit deinen Freundinnen. Besonders beim Shopping habt ihr viel Spaß. Doch genau so gerne liest du deine Lieblingsmagazine oder gehst raus und treibst Sport. Du hast nichts gegen einen Schaufensterbummel, bist aber auch nicht enttäuscht, wenn du mal nichts findest.

Shopping-Tipps

* Leg vorher fest, wie viel Geld du ausgeben willst – und halte dich daran!
* Nimm eine Freundin mit, die dir mit Rat und Tat zur Seite steht.
* Geh in ein Einkaufszentrum, da gibt es die größte Auswahl.
* Trage bequeme Schuhe!
* Rechne ein paar Pausen fürs Mittagessen und zum Ausruhen mit ein – du musst schließlich bei Kräften bleiben!
* Kaufe nur Sachen, die du auch wirklich oft tragen wirst.
* Vergewissere dich, dass du deine Einkäufe umtauschen kannst, falls du deine Meinung ändern solltest.

Übrigens ...

Sei kein Fashion-Victim – finde deinen eigenen Stil!

FLOP-SHOPPING

- Kaufe nie etwas, was zu groß oder zu klein ist – nimm immer die Größe, die dir passt!
- Gib nicht gleich dein ganzes Geld für das erstbeste Teil aus – vielleicht findest du noch etwas Besseres!
- Kaufe nie etwas, nur weil es gerade trendy ist – es muss dir auch stehen.

TOP-SHOPPING

- Probier alles an, bevor du es kaufst.
- Frag deine Freundin nach ihrer ehrlichen Meinung – dafür hast du sie mitgenommen!
- Kaufe etwas, was mindestens zu *einem* deiner anderen Kleidungsstücke passt.

Zeit für eine Pause!

Woran merkst du, dass du zu viel geshoppt hast?

Du suchst auf Haargummis nach dem Etikett mit der Kleidergröße ...

Du kommst aus der Umkleidekabine und deine Freundin sagt dir, dass du das coole T-Shirt falsch herum trägst ...

Du suchst verzweifelt nach deiner Größe, bis du endlich merkst, dass du in der Abteilung für Jungs gelandet bist ...

Du denkst, dass Neonpink und Giftgrün zusammen echt toll aussehen ...

Übrigens ...

Es muss kein Vermögen kosten, wenn du cool aussehen willst – schon ein paar neue Accessoires können deinen Look total verändern!

Mary-Kate und Ashley

sind bereits Hollywoodstars – und du?
Könntest du es auch bis auf den *Walk of Fame* schaffen?
Mit diesem Spiel kannst du es herausfinden.
Der Spieler, der zuerst in Hollywood ankommt, hat gewonnen!

Hast du das Zeug zum Filmstar?

41	42 Du wirst von allen Magazinen interviewt. Rücke 4 Felder vor.	43	44
40 Die Presse verteilt gute Kritiken! 3 Felder vor.	39	38	37 Probe! Führe einen zweiminütige Tanz vor ode gehe 3 Felde zurück
25	26	27 Sing den Refrain eines Songs oder gehe 3 Felder zurück.	28
24	23 Du kommst zu spät zur Probe. 3 Felder zurück.	22	21 Du hast eine tolle Vorstellu gegeben. Rücke 3 Felder vo
9 Der Regisseur findet dich gut! 3 Felder vor.	10	11 Oh, nein! Eine Rivalin hat dein Drehbuch geklaut. Du musst 3 Felder zurück.	12
8	7 Du gönnst dir eine Maniküre. Eine Runde aussetzen.	6	5 Deine große Chance! Sing einen Vers deines Lieblings songs oder gehe zurück zum Start.

So geht's

- Du brauchst einen Würfel, ...
- Spielfiguren (z. B. Knöpfe oder Muscheln) ...
- und mindestens eine Freundin!

START

Hat jeder Spieler eine Spielfigur? Dann kann's losgehen!

- Jeder würfelt reihum; die höchste Zahl beginnt.
- Folge den Anweisungen auf dem Spielfeld.
- Der Spieler, der Hollywood als Erster erreicht, hat gewonnen!

Ein unschlagbares Team

Fortsetzung von Seite 47

„Hi, Mary-Kate." Ihr Vater war am anderen Ende.

„Oh ... Hallo, Dad!", antwortete Mary-Kate. Sie hatte keine Ahnung, wie ihr Vater es schaffte, sie und Ashley anhand der Stimmen am Telefon auseinander zu halten.

„Wie geht's denn so mit Carrie?", fragte Kevin.

„Super, Dad", sagte Mary-Kate. Sie hielt die Sprechmuschel näher an den Mund und flüsterte: „Rate mal! Sie findet Hausaufgaben auch ätzend. So wie ich!"

„Ätzend?" Kevin klang missbilligend. „Hat sie das zu euch gesagt? Ich will auf der Stelle mit ihr sprechen."

Ups! Das hätte ich besser nicht sagen sollen, wurde Mary-Kate klar. *Er hat mich völlig falsch verstanden.*

„Beruhige dich, Dad", sagte sie. „Carrie ist cool."

„Aber ..."

„Äh, muss jetzt gehen. Bis später, Dad", sagte Mary-Kate schnell. „Hab dich lieb!" Sie legte auf und lief zum Tisch zurück.

„Und?", sagte Carrie und faltete die Hände auf dem Tisch zusammen. „Welche Hausaufgaben habt ihr heute auf?"

„Das Übliche", sagte Ashley. „Mathe, Geschichte, Englisch und ein paar freiwillige Aufgaben."

„Freiwillig?" Mary-Kate verzog das Gesicht. „Das geht entschieden zu weit. Wenn die Hausaufgaben fertig sind, höre ich auf."

„Aufhören?", fragte Carrie. „Mary-Kate, wenn du bei einem Softballspiel wärst und dein Team wäre leicht im Vorsprung, würdest du dann auch deinen Schläger hinschmeißen und aufhören?"

„Reden wir schon wieder über Baseball?", stöhnte Ashley.

Carrie beugte sich zu Mary-Kate und sah ihr in die Augen. „Also, würdest du?"

„Nein", sagte Mary-Kate und schüttelte den Kopf. „Wir würden weitermachen. Damit wir mit dem höchstmöglichen Punktestand gewinnen."

„Genau!", sagte Carrie. „Und nichts anderes sind freiwillige Hausaufgaben. So viele Punkte zu kriegen, wie du kannst, auch wenn du schon vorne liegst."

„Oh!", sagte Mary-Kate. Hm. Vielleicht lag Carrie ja damit goldrichtig.

„Mary-Kate Burke gibt nicht auf, stimmt's?", fragte Carrie.

„Niemals!", erklärte Mary-Kate.

Carrie streckte eine Faust in die Luft. „Also, was hältst du davon, wenn wir uns diese Bücher schnappen und uns ein paar freiwillige Aufgaben genehmigen?"

Mary-Kate zuckte mit den Schultern. „Okay, okay, schätze, du hast mich überredet."

„Oh Mann!", rief Ashley. „Meine Schwester macht freiwillige Hausaufgaben! Ich hätte nie gedacht, dass ich das noch mal erleben würde!"

Mary-Kate erstarrte mit dem Stift in der Hand.

Hey, das stimmt, dachte sie. *Ich arbeite freiwillig.*

Überrascht starrte sie Carrie an.

Was hatte sie wohl als Nächstes für sie vorgesehen?

10. Kapitel

„Okay, das wär's für heute", sagte Kevin zu seiner Klasse. „Beim nächsten Mal machen wir einen kleinen Feldversuch. Wir steigen auf die Spitze des *Sears Tower* – das höchste Gebäude in Chicago." Er grinste. „Hab ich euch nicht gesagt, dass ich dafür sorge, dass sich die Wissenschaft zu neuen Höhen aufschwingt?"

Die Studenten lachten, während sie aufstanden, um zu gehen.

„Bis später, Professor Burke", rief Carrie.

Kevin runzelte die Stirn und winkte Carrie zu sich. *Ob sie daran denkt, was heute für ein Abend ist?*, überlegte er.

„Carrie, Moment", sagte er. „Heute ist Donnerstag. Wissen Sie, was das heißt?"

Carrie dachte einen Augenblick nach.

„Klar", sagte sie dann. „Nicht gerade mein Lieblingsfernsehabend."

Kevin schüttelte den Kopf. Er wusste, dass es Carries erste Woche in ihrem neuen Job war, und dass sie noch eine Menge lernen musste.

„Heute habe ich länger Vorlesung", erinnerte er sie. „Und ich werde nicht vor neun zu Hause sein."

„Neun", sagte Carrie und nickte. „Hab verstanden."

Sie drehte sich um und steuerte auf die Tür zu.

„Moment!", rief Kevin.

„Was denn noch?", fragte Carrie.

„Die Mädchen haben ihren regelmäßigen Ablauf, und ich will, dass der eingehalten wird", erklärte Kevin. „Sorgen Sie dafür, dass sie um Punkt neun im Bett sind."

„Okay", sagte Carrie. „Aber dann bleibt mir kaum noch Zeit, Mary-Kates Nase zu piercen."

Kevin erstarrte. *Mary-Kates Nase piercen? Meint sie das ernst?*

„Ist schon okay." Carrie schenkte ihm ein verschlagenes Grinsen. „Schätze, das kann ich erledigen, während sie schläft."

Nach dem Abendessen entschied Ashley, einen Schwung ihrer besonderen Schokoladenplätzchen zu backen. Sie wollte Carries erste Woche in ihrem neuen Job feiern.

„Das riecht köstlich", sagte Carrie. Sie schaufelte die heißen Plätzchen vom Backblech und legte sie auf ein Gestell zum Abkühlen. „Wer hat dir denn beigebracht, wie man die macht, Ashley?"

Ashley lächelte, als sie einen neue Ladung Plätzchen aus dem Ofen nahm. „Meine Mom", sagte sie. „Sie konnte von allen Menschen auf der Welt am besten backen."

Carrie lehnte sich gegen die Anrichte. „Wann ist sie denn gestorben?"

Ashley fühlte plötzlich einen Stich von Trauer. „Als wir in der dritten Klasse waren. Dad sagt, dass ich ihr Talent zum Kochen geerbt habe. Und Mary-Kate hat das Lauftalent von ihr."

In diesem Moment kam Mary-Kate in die Küche. An ihrem Ohr klebte ein schnurloses Telefon. Ashley konnte an ihrem Gesicht ablesen, dass sie angespannt war.

„Ach herrje", flüsterte Carrie Ashley zu. „Das ist wohl was Ernstes."

„Es *muss* was Ernstes sein", flüsterte Ashley zurück. „Sie ist einfach an den Plätzchen vorbeigegangen."

„Mir ist es egal, ob du verletzt bist, Brian", sagte Mary-Kate in den Hörer. „Du bist unser erster Schlagmann. Hast du noch nie was davon gehört, dass man auch mit Schmerzen spielen kann?"

Ashley und Carrie schauten sich verwirrt an.

Eine Sekunde später drückte Mary-Kate auf Off. „Dieser Brian ist so ein Schwächling!“, rief sie.

„Was ist denn los?“, fragte Ashley und nahm sich ein warmes Plätzchen.

„Er hat sich das Bein gebrochen“, sagte Mary-Kate angewidert.

„Autsch“, bemerkte Carrie.

„Es ist doch nur *ein* Bein!“, rief Mary-Kate. „Ich sehe keinen Grund, warum er nicht trotzdem am Montag spielen kann.“

„Pech, Kleine“, sagte Carrie. Sie warf ein Schokoladenplätzchen in Mary-Kates Mund.

„Und wer ersetzt ihn dann?“, fragte Ashley.

„Keine Ahnung.“ Mary-Kate nahm sich noch ein Plätzchen.

Ashley wollte gerade noch mehr frisch gebackene Plätzchen aus der Schale nehmen, als sie merkte, dass Mary-Kate sie anstarrte. Die Augen ihrer Schwester verengten sich nachdenklich. Sie kaute schneller und schneller.

Oh nein, dachte Ashley. Es war ein reines Kinderspiel, die Gedanken ihrer Schwester zu lesen. Mary-Kate war gerade dabei, einen verrückten Einfall auszubrüten – und Ashley wusste, um was es ging.

Mary-Kate legte den Kopf schräg, während sie Ashley betrachtete. „Ashley, nimm doch mal das Nudelholz und halte es wie einen Baseballschläger.“

„Ich wusste es!“ Ashley riss ihren Ofenhandschuh herunter und warf ihn auf die Anrichte. „Du willst, dass ich für Brian einspringe, stimmt's?“

Mary-Kate fasste Ashley bei den Schultern.

„Du wirst spielen, Ashley“, erklärte sie.

Ashley drehte sich der Magen um.

„Werde ich nicht!“, sagte sie. „Außerdem spuckst du mich gerade mit Plätzchenkrümeln voll!“

„Wo ist das Problem, Ashley?“, fragte Carrie. „Warum willst du nicht spielen?“

„Weil ich miserabel bin“, sagte Ashley. „Alle Kids werden sehen, dass ich nicht schlagen kann.“

„Sie wissen bereits, dass du es nicht kannst“, erklärte Mary-Kate.

„Oh Mann, danke!“, murmelte Ashley. Warum warf man sie nicht einfach den Haifischen vor? Das wäre jedenfalls humaner als sie zu zwingen, Softball zu spielen.

Dann fühlte sie Carries Hand auf ihrer Schulter.

„Hey, jeder kann schlagen“, sagte Carrie. „Selbst du.“

Ashley sah Carrie zweifelnd an. „Du hast mich noch nie am Schläger gesehen.“

Carrie ging zur Garderobe und nahm ihre Jacke. „Jetzt komm schon. Ich kenne einen Platz, wo du ein paar Supertipps kriegen kannst.“

„Wo gehen wir denn hin?“, fragte Ashley.

„Ein Spiel der *Cubs* anschauen“, sagte Carrie.

Mary-Kate schnappte nach Luft. „Ein echtes *Cubs*-Spiel? So eins wie von der ersten Liga?“

Carrie warf den Mädchen ihre Jacken zu. „Ja sicher, ein richtiges *Cubs*-Spiel.“

„Jetzt?“, fragte Ashley überrascht.

„Genau jetzt“, versicherte Carrie lächelnd.

Oh Mann!, dachte Ashley. *Carrie verliert wirklich keine Zeit.*

Langsam streifte sie ihre Jacke über. Irgendetwas schien faul an dieser Geschichte zu sein.

„Sollten wir Dad nicht Bescheid sagen, dass wir gehen?“, fragte sie.

Carrie schüttelte den Kopf. „Er steckt gerade mitten im Unterricht. Außerdem sind wir zurück, bevor er nach Hause kommt."

„Los, jetzt komm schon, Ashley", sagte Mary-Kate. „Willst du denn nicht ein echtes *Cubs*-Spiel miterleben?"

„Klar", sagte Ashley. „Solange wir nur zuschauen müssen."

Mary-Kate stemmte die Hände in die Hüften. „Ich glaube kaum, dass die *Chicago Cubs* dich für ihr Team anheuern wollen."

„Fertig?", fragte Carrie.

Mary-Kate nahm sich noch eine Hand voll von Ashleys Schokoladenplätzchen.

„*Jetzt* bin ich fertig", sagte sie mit einem Grinsen.

„Da sind wir!", verkündete Carrie.

Mary-Kate und Ashley stiegen hinter Carrie aus dem Bus. Sie waren in einem ganz gewöhnlichen Viertel mit ganz gewöhnlichen Häusern angekommen. „Ich kann *Wrigley Field* nirgends sehen", sagte Mary-Kate.

„Stimmt", sagte Ashley und runzelte die Stirn. „Ich dachte, wir wollten uns ein Spiel der *Cubs* anschauen."

„Tun wir auch", sagte Carrie. Sie lächelte geheimnisvoll.

Die Zwillinge folgten ihr zu einem Backsteinbau, der inmitten des Viertels stand. Über der Tür befand sich eine rote Markise, und zwei große Pflanzen standen zu beiden Seiten des Eingangs. „Hier wohne ich", verkündete Carrie.

Was machen wir denn hier?, überlegte Ashley. *Was soll das Ganze eigentlich?*

„Wir haben noch nie in einem Apartmenthaus gewohnt", sagte Mary-Kate, als sie die Lobby betraten. Der Boden war aus Marmor, und zwei riesengroße Spiegel hingen an den Wänden.

Carrie lachte. „Und ich hab noch nie in einem Einfamilienhaus gelebt."

„Und wie ist das, wenn man so viele Nachbarn hat?", fragte Ashley.

Carrie drückte auf den Knopf am Aufzug. „Als ich noch ein Kind war, fand ich das toll. Besonders an Halloween", erzählte sie den Zwillingen. „Wir haben unten angefangen und uns bis zur sechsten Etage vorgearbeitet mit unseren Tricks. Als wir oben waren, hatten wir Tonnen von Süßigkeiten gesammelt."

Der Aufzug kam, und sie stiegen ein. „Jetzt geht's nach oben", sagte Carrie.

Sie fuhren bis zum obersten Stockwerk. Dann kletterten sie eine schmale Treppe hinauf, die zu einer großen grünen Tür führte.

„Traraaa!", sang Carrie. Sie riss die Tür weit auf.

Ein kalter Windhauch schlug Ashley entgegen. Vorsichtig trat sie ins Freie.

„Hey, Moment mal", sagte sie, während sie sich umschaute. „Wir sind auf dem Dach. Was machen wir hier oben?" Jetzt war sie *komplett* verwirrt. Und nicht besonders verrückt darauf, in solch luftiger Höhe herumzustehen.

„Carrie!" Mary-Kates Augen weiteten sich. „Sag nicht, dass du hier oben *wohnst*!"

„Nee", meinte Carrie und verzog das Gesicht. „Tauben sind nämlich grässliche Mitbewohner. Mein Apartment ist unten." Sie spazierte über das geteerte Dach zu einer hüfthohen Mauer. „Aber irgendwie mag ich die Aussicht", fügte sie mit einem Lächeln hinzu. „Schaut doch mal."

Carrie ist definitiv verrückt, dachte Ashley. Verstohlen warf sie einen nervösen Blick zu Mary-Kate.

Fortsetzung folgt auf Seite 70

Mary-Kate und Ashleys
Family-Tipps

Wie gut verstehst du dich mit deinen Eltern? Bist du immer fair zu deinen Geschwistern? Seid ihr eine Bilderbuchfamilie oder gibt's bei euch auch mal Stress?

Mach den Test und finde heraus, was für ein Family-Typ du bist.

1

Du bist Aschenputtel und deine Stiefmutter hat dir verboten, zum Ball zu gehen. Was tust du?

- Ich durchwühle alle Schränke auf der Suche nach einem todschicken Fummel und lasse mich per Anhalter von einem süßen Typen mitnehmen. Nichts kann mich von meinem Ziel abhalten!
- Ich bleibe daheim und schäle Erbsen. Mich versteht sowieso keiner ...
- Ich schicke eine Nachricht an meine gute Fee – wenn meine Familie schon versagt, können nur noch Freunde helfen!

2

Du bist Schneewittchen. Deine Stiefmutter verbringt Stunden vor ihrem Zauberspiegel. Und du?

- Ich locke sie weg – vielleicht mit einem leckeren Apfel ...
- Ich verschwinde beleidigt in den Wald mit sieben kleinen Typen, die mich total cool finden
- Ich bringe den Zauberspiegel dazu, ihr zu sagen, dass ich viel hübscher bin

3

Du bist Rotkäppchen! Deine Mam bittet dich, deiner Großmutter einen Korb mit Essen und Trinken zu bringen. Wie reagierst du?

- Ist sie verrückt? Im Wald gibt es Wölfe!
- Ich schreie „Ist dir völlig egal, was aus mir wird?", gehe aber trotzdem. Wenn mir was passiert, ist meine Mutter schuld!
- Ich nehme eine Freundin mit. Zusammen schlagen wir jeden Wolf in die Flucht!

Family-Fact
Wir haben noch einen Bruder namens Trent, eine kleine Schwester mit Namen Elizabeth und zwei Geschwister aus der zweiten Ehe unseres Dads, Taylor und Jake.

Top-Tipps
für glückliche Familien

- In jeder Familie kracht es mal! Wenn es bei euch Knatsch gibt, versuche nicht Partei zu ergreifen und reg dich nicht auf: Sie werden sich bald wieder vertragen.
- Nimm Rücksicht und räume deinen Kram aus den Zimmern, die die Familie gemeinsam nutzt. Bitte die anderen, das genauso zu tun.
- Jeder sollte die Möglichkeit bekommen, seine Lieblingssendung im Fernsehen anzuschauen.
- Die Hausarbeit sollte unter den Familienmitgliedern aufgeteilt werden. Wenn du also mit dem Abwasch dran bist, gibt's keine Ausreden!
- Wechselt euch ab! Es ist unfair, wenn einer die anderen nicht auch mal an den CD-Player oder den Computer lässt.
- Serviere deinen Eltern zur Abwechslung mal ein Frühstück ans Bett!
- Sei bereit, deine Sachen mit anderen zu teilen. Das macht vieles leichter.
- Vergiss nicht, deinen Lieben auch mal zu zeigen, dass du sie gern hast – schließlich seid ihr eine Familie!

Überwiegend ✿
Du bist ein Mädchen, das wirklich weiß, was es will! Es ist dir egal, was die anderen sagen – du bist happy, solange du kriegst, was du willst. Vielleicht solltest du ab und zu m al an andere denken – auch Eltern sind Menschen!

Überwiegend ✿
Du weißt, dass in Familien nicht immer alles glatt läuft, und bist bereit, auch mal einen Kompromiss einzugehen. Und wenn alle Stricke reißen, hast du ja noch deine Freunde, auf die du zählen kannst. Deine Family ist toll, aber du erwartest nicht, dass sie perfekt ist – zumindest nicht die ganze Zeit!

Überwiegend ✿
Oje, du kannst ja ganz schön zickig sein! Klar, manchmal scheint es, als hätte sich deine ganze Familie gegen dich verschworen. Aber wahrscheinlich kennen sie einfach deine wahren Gefühle nicht. Anstatt zu schmollen, solltest du mit ihnen reden – du wirst überrascht sein, wie hilfsbereit sie sind.

Family-Fact
In unserer Familie wird alles geteilt – fragen sollte man vorher allerdings schon!

Drei Gründe, warum ich sie liebe …

Wenn es drauf ankommt, sind sie da und halten zu mir

Große Brüder können doof sein, aber manchmal bringen sie gut aussehende Freunde mit nach Hause ...

Wenn ich einen Hänger habe, macht mir Mam mein Lieblingsessen – und gleich sieht die Welt ganz anders aus

… und drei Gründe, warum ich es nicht immer tue

Mein großer Bruder glaubt manchmal, die Fernbedienung gehöre ihm allein

Meine Schwester hängt ewig an der Strippe

Irgendjemand hat schon wieder das letzte Schokostückchen verdrückt

Die Zukunft liegt in deiner Hand!

Wir wissen genau, was wir von unserer Zukunft erwarten: Wir wollen das College abschließen, Kinofilme produzieren, darin die Hauptrollen spielen und unsere Firma weiterführen. Und was hält die Zukunft für dich bereit? Wir zeigen dir, wie du es herausbekommst! Vergleiche deine Hand mit der Zeichnung und lies nach, was die Linien über dich verraten.

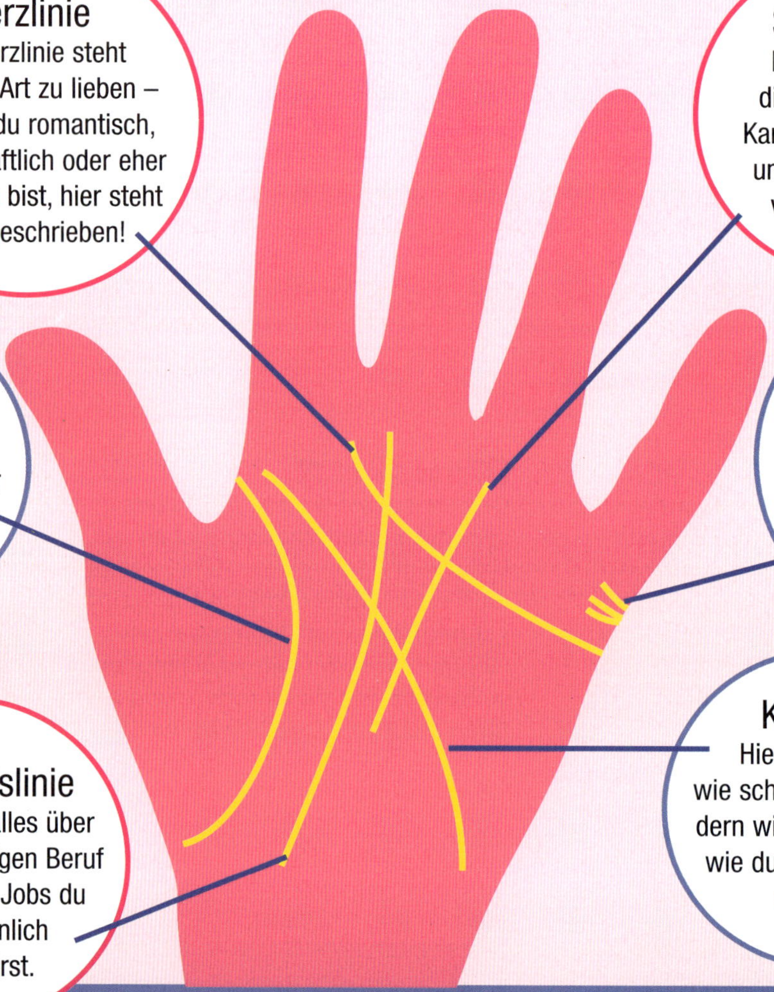

Herzlinie
Die Herzlinie steht für deine Art zu lieben – egal, ob du romantisch, leidenschaftlich oder eher realistisch bist, hier steht alles geschrieben!

Sonnenlinie
Diese Linie sagt dir, wie groß deine Karrierechancen sind und ob du viel Geld verdienen wirst!

Lebenslinie
Hier erfährst du, ob du ein Energiebündel bist oder lieber beim Fernsehen auf dem Sofa chillst.

Hochzeitslinie
Wenn du zwei oder drei davon hast – keine Sorge! Die Linien stehen auch für Romanzen, nicht nur dafür, wie oft du heiratest!

Schicksalslinie
Sie verrät dir alles über deinen zukünftigen Beruf und wie viele Jobs du wahrscheinlich haben wirst.

Kopflinie
Hier steht nicht, wie schlau du bist, sondern wie du denkst und wie du mit Problemen umgehst.

RECHTE ODER LINKE HAND?
Ein Handleser betrachtet üblicherweise die Hand, mit der du schreibst, denn sie verkörpert dein bewusstes Selbst. Die andere Hand steht für dein Unterbewusstsein. Wenn du also einen Blick in deine Zukunft werfen willst, dann nimm dir die Hand vor, mit der du deine Hausaufgaben machst!

Fun-Fact
Lange Finger weisen auf eine künstlerische Begabung hin. Trifft das auf dich zu? Dann schnapp dir einen Stift und fang sofort an zu zeichnen!

Lebenslinie

Je kräftiger und tiefer diese Linie ist, umso mehr stehst du auf Sport und Action. Hat sie mehrere kleine Unterbrechungen, weist das auf große Veränderungen in deinem Leben hin – zum Beispiel einen Schulwechsel. Wenn deine Lebenslinie sich am Ende verzweigt, kann das heißen, dass du weit wegziehen wirst – vielleicht sogar in ein anderes Land! Sind neben der Lebenslinie ein paar schmalere Linien zu sehen, dann bist du außergewöhnlich willensstark.

Schicksalslinie

Diese Linie sagt aus, wie zielstrebig du bist. Wenn sie nah an deiner Lebenslinie beginnt, wird deine Familie dir immer sehr wichtig sein. Beginnt sie weit davon entfernt, dann bist du fantasievoll und kreativ und könntest vielleicht einen ungewöhnlichen Job ergattern! Unterbrechungen stehen für Richtungswechsel. Vielleicht wechselst du ja später mal deinen Beruf! Wenn deine Schicksalslinie sehr ausgeprägt ist, bist du eine starke Persönlichkeit, die sich nicht so leicht aus der Ruhe bringen lässt. Ist sie eher schwach, dann bist du eine Träumerin, die gern eigene Wege geht.

Herzlinie

Die Herzlinie steht für deine Gefühlsseite. Endet sie direkt unter deinem Zeigefinger, bist du ein sehr emotionaler Mensch und solltest herzergreifende Filme vermeiden! Endet sie zwischen Zeige- und Mittelfinger, dann ist dein Wesen zwischen Gefühl und Verstand gut ausbalanciert. Je mehr Kurven die Linie aufweist, umso sensibler bist du. Ist sie zudem noch sehr ausgeprägt, wirst du Himmel und Erde in Bewegung setzen, um mit deiner großen Liebe zusammen zu sein!

Kopflinie

Sie zeigt, wie du an Dinge herangehst. Beginnt die Kopflinie weit über der Lebenslinie? Dann bist du sehr unabhängig und ziehst dein eigenes Ding durch. Beginnt sie mit der Lebenslinie, hat deine Familie großen Einfluss auf dich. Versteckt sie sich unter der Lebenslinie, dann bist du eher schüchtern. Eine gerade Linie weist darauf hin, dass du sorgfältig abwägst, bevor du eine Entscheidung triffst. Wenn sich die Kopflinie nach unten krümmt, bist du träumerisch und fantasievoll. Krümmt sie sich nach oben, bist du eher emotional.

Hochzeitslinie

Diese Linie liegt direkt unter deinem kleinen Finger. Siehst du viele kleine Linien? Dann warten viele Romanzen auf dich! Die stärkste Linie ist deine Hochzeitslinie. Je näher sie an deinem kleinen Finger liegt, desto älter bist du, wenn du heiratest.

Fun-Fact
Hast du kurze Finger, dann bist du praktisch veranlagt und steckst voller Energie – wahrscheinlich bist du total fit am Computer.

Fun-Fact
Spitze Finger bedeuten, dass du schöne Dinge liebst – du solltest vielleicht Designerin werden!

Sonnenlinie

Mit einer kräftig ausgeprägten Sonnenlinie solltest du umgehend ein Konto eröffnen – du wirst später viel Geld verdienen! Ein weiteres gutes Zeichen ist ein Kreuz unter deinem Zeigefinger, das auf einen großen Gewinn hindeutet.

Rätselspaß mit Mary-Kate und Ashley

Wir lieben es, Geheimnisse zu erraten und Rätsel zu lösen! Du auch? Dann schnapp dir einen Stift und versuch dich an diesen beiden Aufgaben! Viel Spaß! Die Lösungen findest du auf Seite 92.

Aus dem Bilderpuzzle sind ein paar Teile herausgefallen! Kannst du sie wieder an die richtige Stelle setzen? Die Buchstaben in der Reihenfolge von 1 bis 8 ergeben das Lösungswort!

Ganz schön knifflig! In unserem Gitterrätsel verstecken sich 30 Namen von Jungen und Mädchen, die in unseren Filmen oder Büchern eine Rolle spielen. Na, entdeckst du sie alle? Vorsicht: Die Wörter können senkrecht, waagrecht, diagonal oder rückwärts stehen.

- ALEX
- AMANDA
- AMBER
- ASHLEY
- CAMPBELL
- CHERYL
- CHLOE
- DANA
- DEVON
- ELISE
- JAKE
- JANE
- JEREMY
- JORDAN
- KRISTIN
- LARRY
- MANUELO
- MARY-KATE

M	Q	F	R	I	J	H	C	Z	V	J	T	C	E	P
P	A	O	A	E	D	A	O	L	E	U	N	A	M	P
A	S	R	R	Z	M	E	E	J	O	R	D	A	N	E
S	D	E	Y	P	E	D	T	I	E	E	N	H	O	C
W	M	N	B	K	K	N	A	M	R	G	S	L	P	D
Y	V	E	A	E	A	I	M	I	Y	E	H	I	E	E
J	L	H	L	M	J	T	B	C	D	C	L	V	L	Y
L	A	M	Y	R	A	S	E	H	N	H	O	A	E	E
T	D	N	R	O	N	I	R	E	E	N	R	L	V	P
S	Z	B	E	X	A	R	O	L	W	D	H	P	Q	I
M	U	X	H	Y	P	K	X	L	U	S	Z	H	E	Z
K	I	M	C	A	N	A	D	E	A	A	B	O	X	W
K	C	S	M	R	I	L	E	Y	A	R	R	E	I	S
O	E	J	T	E	Y	R	R	A	L	T	L	B	D	A
P	E	R	R	Y	R	F	G	S	H	A	Q	E	P	D

- MICHELLE
- MISTY
- PERRY
- PHOEBE
- RILEY
- ROSS
- ROXY
- SIERRA
- SUMMER
- TEDI
- VALERIE
- WENDY

Hast du alle Namen herausgefunden? Super gemacht!

Ein unschlagbares Team

Fortsetzung von Seite 63

Ein Zwilling kommt selten allein

Mary-Kate schien nicht im Geringsten beunruhigt. Sie lief zu der Mauer und spähte hinüber.

„Oh Wahnsinn!", rief sie.

Was ist denn da unten?, fragte Ashley sich. Sie folgte ihrer Schwester.

„Irre!", rief sie, als sie ebenfalls über die Mauer schaute.

Direkt unter ihnen lag *Wrigley Field* – und ein richtiges *Cubs*-Spiel!

Die hellen Scheinwerfer unten im Stadion schienen den ganzen Himmel zu beleuchten. Ashley konnte von ihrem Platz aus praktisch alles sehen.

„Ist das nicht toll?", fragte Carrie.

„Unglaublich", kreischte Mary-Kate. „Ich kann die Home-Plate von hier aus sehen."

„Und ich kann die Hotdogs riechen!", sagte Ashley.

Carrie lehnte sich gegen die Wand und grinste.

„Eins könnt ihr mir glauben, Mädchen", sagte sie. „Wenn es um Baseball geht, ist der beste Platz im Haus ... der oben auf dem Dach."

Ashley lächelte. Sie war nicht länger beunruhigt.

Carrie ist nicht verrückt, merkte sie.

Sie ist nur der coolste Mensch überhaupt!

11. Kapitel

„Hi, Mrs Lacy", sagte Kevin Burke ins Telefon und ging unruhig in der Küche auf und ab. Er konnte sich nicht erinnern, wann er zum letzten Mal so außer sich vor Sorge gewesen war. „Sind meine Mädchen bei Ihnen?"

„Nein, sie sind nicht hier", sagte Mrs Lacy. „Gibt's irgendein Problem?"

„Nein." Kevin spürte, dass eine Schweißperle an seiner Stirn hinunterlief. „Nein, kein Problem. Wir haben einen neuen Babysitter, und es hat ein kleines ... äh Missverständnis gegeben."

„Nun ja, zumindest sind sie mit ihrem Babysitter zusammen", sagte Mrs Lacy. „Da können Sie doch beruhigt sein."

„Nicht ganz", murmelte Kevin. „Ich erkläre es Ihnen ein anderes Mal. Danke, Mrs Lacy."

Er legte auf. Sein Magen schlug einen dreifachen Salto. Wo konnte Carrie die Zwillinge hingebracht haben? Zu einem Tattoo-Salon? Zum Bungeejumping?

Er wollte schon die nächste Nummer wählen, als er hörte, wie die Haustür geöffnet wurde. Er wirbelte herum und rannte ins Wohnzimmer. Eine riesige Welle der Erleichterung durchflutete seinen Körper.

Ashley und Mary-Kate standen da, zusammen mit Carrie. Sie kicherten, lachten und redeten ohne Punkt und Komma.

„Aber warum hab ich denn verloren?", sagte Mary-Kate. „Ich hatte doch drei Asse und zwei Könige."

„Trotzdem kommst du damit nicht gegen ein Viererblatt an", sagte Carrie.

Kevin räusperte sich.

„Hey, Dad", sagte Mary-Kate.

Ashley umarmte ihren Vater. „Dad, du wirst es nicht glauben. Wir haben was Tolles erlebt."

„Wir sind zu Carries Apartment gefahren und haben uns ein Spiel der *Cubs* angeschaut", fügte Mary-Kate hinzu. „Sie haben gegen die *Atlanta Braves* gespielt."

„Carrie wohnt direkt gegenüber von *Wrigley Field*", erklärte Ashley. „Wir haben uns das Ganze vom Dach aus angesehen."

„Stimmt das?", fragte Kevin Carrie.

„Und zwischen den Spieldurchgängen", fügte Ashley aufgeregt hinzu, „hat sie uns Poker beigebracht." Sie hielt ein Kartenspiel hoch. „Bist du jetzt glücklich, Dad?"

Kevin runzelte die Stirn. „Im Moment nicht so ganz", sagte er. „Außerdem solltet ihr schon längst im Bett liegen. Sagt Carrie gute Nacht."

Die Zwillinge lächelten Carrie an.

„Gute Nacht, Carrie", sagte Ashley.

„Bis dann", sagte Mary-Kate.

Sie gaben Kevin einen Kuss und rannten nach oben.

Sobald Kevin hörte, dass die Schlafzimmertür ins Schloss fiel, drehte er sich zu Carrie um. „Wissen Sie eigentlich, wie spät es ist?", wollte er wissen.

Carrie schaute auf ihre Uhr. „Zehn nach neun. Aber keine Sorge. Die zehn Extraminuten gehen auf meine Rechnung."

Kevin konnte es nicht glauben. Carrie hatte keinen blassen Schimmer, was sie falsch gemacht hatte!

„Carrie, die Mädchen sollten um Punkt neun im Bett sein!", sagte er und versuchte, nicht die Fassung zu verlieren.

„Ich weiß", sagte Carrie. „Aber wir hatten so eine tolle Party!"

„Na ja, ich allerdings weniger", schnappte Kevin. „Ich bin nach Hause gekommen und habe das Haus leer vorgefunden. Keine Nachricht oder Notiz vom Babysitter."

Carrie sah verwirrt aus. „Tut mir Leid. Aber wir sind nur zehn Minuten zu spät gekommen."

„Zehn Minuten, in denen ich keine Ahnung hatte, wo meine Töchter sind", sprudelte Kevin wütend heraus. „Können Sie sich überhaupt vorstellen, wie besorgt ich war?"

„Aber Sie wussten doch, dass sie mit mir zusammen waren", sagte Carrie.

Kevin nickte. „Ganz genau!"

Carrie schenkte ihm ein beruhigendes Lächeln. „Schauen Sie, ich verstehe ja, dass Sie sich Sorgen gemacht haben. Aber wenn Sie mich erst mal besser kennen ..."

„Ich habe nicht vor, Sie besser kennen zu lernen", unterbrach Kevin.

Carrie erstarrte.

„Wollen Sie mich ... rauswerfen?", fragte sie schließlich.

Tausende von Gedanken purzelten in Kevins Kopf herum. Er wusste, dass es die einzige Lösung war, Carrie zu feuern ... aber was war mit den Zwillingen? Würde er ihnen damit das Herz brechen? Und was war mit Carrie? Würde sie ihn morgen vom *Sears Tower* stoßen?

„Carrie, ich muss einfach wissen, dass meine Mädchen in guten Händen sind", meinte er nach einer Weile. „Und bei Ihnen bin ich mir da nicht sicher."

„Professor Burke", sagte Carrie schnell. „Was das Piercen angeht von Mary-Kates Nase. Ich würde doch niemals ..."

Kevin unterbrach sie abrupt. „Gute Nacht, Carrie."

Carrie starrte ihn an. Ihre Augen liefen fast über vor Trauer.

Dann drehte sie sich um und steuerte auf die Tür zu.

„Sagen Sie den Mädchen von mir Lebewohl", meinte sie über die Schulter.

Sicher, dachte Kevin. *Falls sie je wieder mit mir sprechen!*

12. Kapitel

Mary-Kate kletterte ins Bett. „Glaubst du, dass Dad mir so ein kleines Tattoo erlaubt wie das von Carrie?“, fragte sie Ashley.

Ashley kicherte, als sie ihr Kissen aufschüttelte. Die einzigen Tattoos, die sie und Mary-Kate je gehabt hatten, waren die zum Abziehen gewesen. „Darauf würde ich mich nicht verlassen“, entgegnete sie.

Ashley schloss den letzten Knopf ihres schimmernden rosaroten Schlafanzugs. Ihre Schwester trug ihr übliches, übergroßes T-Shirt mit dem Logo der *Cubs* ...

„Hast du nach dem *Cubs*-Spiel deine Meinung über das Softballspiel nächsten Montag geändert?“, fragte Mary-Kate ihre Schwester hoffnungsvoll.

„Nein“, sagte Ashley. „Aber Spaß hat es trotzdem gemacht.“

Die Schlafzimmertür öffnete sich. Kevin trat ein.

„Hey, Dad“, sagte Mary-Kate.

"Hi", meinte Kevin. Er setzte sich auf Ashleys Bettkante. „Hört zu, Mädchen. Wegen Carrie ...“

„Ist sie nicht hübsch?“, unterbrach Ashley.

„Weiß ich nicht genau“, sagte Kevin. „Ich weiß allerdings, dass ihr sie gern habt, aber ich denke, sie ist ein bisschen zu ... lässig mit euch beiden.“

Ashley lachte. „Zu lässig? Sie lässt uns noch nicht mal die kleinste Kleinigkeit durchgehen!“

„Ja, klar“, stimmte Mary-Kate zu. „Sie bringt mich dazu, jeden Tag meine Hausaufgaben zu machen. Sie hat mich sogar so weit gebracht, dass ich freiwillige Aufgaben gemacht habe.“

Kevin hob die Augenbrauen. „Aber du hast mir doch gesagt, dass sie Hausaufgaben ätzend findet.“

„Sie war nur ehrlich.“ Ashley setzte sich auf ihr Bett. „Und sie ist keine normale Erwachsene. Wir können mit ihr über alles reden.“

„Über was denn?“, fragte Kevin neugierig.

Ashley schluckte. Sie hatte plötzlich das Gefühl, dass sie gefährlichen Boden betrat.

„Äh ... du weißt schon“, murmelte sie. „So Sachen wie Musik ... Kleider ... Filme ...“

Ein schelmisches Grinsen huschte über Mary-Kates Gesicht.

„Und Pokey Valentine!“, fügte sie hinzu.

Ashley nahm ihr Kissen und warf es ihrer Schwester an den Kopf. „Das ist meine Privatsache, Mary-Kate!“, protestierte sie.

Mary Kate ließ sich auf Ashleys Kissen fallen und kicherte.

„Pokey Valentine?“, fragte Kevin. Er rümpfte die Nase. „Was ist denn ein Pokey Valentine?“

Bitte, Mary-Kate, dachte Ashley. *Bitte nicht! Bitte nicht ...*

„Nicht was – wer!“, johlte Mary-Kate. „Er ist Ashleys Freund!“

Ashleys Gesicht wurde so rosarot wie ihr Pyjama. „Er ist nicht mein Freund. Er weiß ja noch nicht mal, dass ich ihn mag!“, erklärte sie.

„Morgen wird er es wissen“, hänselte Mary-Kate. Dann versteckte sie sich schnell unter ihrer Decke.

Ashley konnte es einfach nicht glauben. Ihre eigene Zwillingsschwester – eine Verräterin!

„Du bist echt gemein!“, kreischte sie und stürzte sich auf ihre Schwester.

Doch ihr Dad fing sie ab. „Okay, okay“, sagte Kevin. „Beruhigt euch. Beide.“

Mary-Kate schielte unter der Decke hervor, als Ashley sich wieder auf ihr Bett setzte.

„Ich wusste ja gar nicht, dass du dich für

jemanden interessierst", sagte Kevin und klang ein wenig verletzt. „Warum hast du mir denn nicht von diesem Porky Valentine erzählt?"

„Er heißt Pokey, nicht Porky", stellte Ashley richtig. Sie starrte auf ihre Hände. „Und der Grund ist ... ach, ich weiß nicht."

„Aber du hast es Carrie erzählt", stellte Kevin fest.

Mary-Kate verdrehte die Augen. „Hallo! Carrie ist ein Mädchen."

Richtig, dachte Ashley. Egal, wie toll ihr Dad war, *alles* konnte man ihm trotzdem nicht erzählen. Es gab ein paar Dinge, die man eben nur mit einem anderen Mädchen besprechen konnte.

Kevin nickte langsam. „Verstehe", sagte er. „Also redet ihr lieber mit *ihr* über solche Sachen?"

„Na ja, klar", sagte Ashley. „Wenn Mom noch da wäre, würden wir wahrscheinlich mit ihr darüber reden."

„Aber da sie nicht mehr lebt", fügte Mary-Kate hinzu, „kann Carrie einspringen. Weißt du, so ähnlich wie ein Ersatzmann."

Ashley sah, dass Kevin einen Teddybären von ihrem Bett nahm. Er schaute versonnen auf ihn hinab.

„Vielleicht habt ihr Recht", sagte er langsam. Schließlich schaute er auf. „Aber nach all dem, was wir seit dem Tod eurer Mutter durchgemacht haben, dachte ich, dass wir alles gemeinsam hinkriegen."

Er klingt so traurig!, dachte Ashley. „Tun wir auch", sagte sie. „Ich meine, du bist der beste Dad der Welt."

„Ja klar", stimmte Mary-Kate zu. „Es ist nur so, dass es ein paar Dinge gibt, die wir leichter mit einer Frau besprechen können. Reine Mädchensache."

„Das verstehe ich", sagte Kevin. „Aber ihr sollt wissen, dass euch niemand mehr liebt als ich."

Mary-Kate hüpfte aus dem Bett. Sie setzte sich auf Ashleys Bett und schlang die Arme um ihren Vater. „Wissen wir doch", versicherte sie ihm.

„Und denkt dran", fügte Kevin hinzu. „Ihr könnt mit allem zu mir kommen."

Ashley, die auf der anderen Seite neben Kevin saß, umarmte ihn liebevoll. „Danke, Dad", sagte sie.

Kevin drückte beide Mädchen einen Augenblick fest an sich. Dann stand er auf und ging zur Tür.

„Gute Nacht, Mädchen", sagte er.

„Dad?", fragte Ashley. „Könntest du uns einen Gefallen tun?"

Kevin drehte sich noch einmal um. „Sicher. Was denn?"

„Könntest du ... beim nächsten Mal anklopfen, bevor du reinkommst?", fragte Ashley.

„Anklopfen?" Kevin sah überrascht aus. Dann grinste er. „Okay. Hast Recht."

Er griff nach dem Türknauf.

„Oh, und Dad?", rief Mary-Kate. „Noch eins. Denkst du immer noch, dass Carrie zu lässig ist?"

Ein seltsamer Ausdruck huschte über Kevins Gesicht. „Ganz sicher bin ich mir nicht mehr. Vielleicht bin ich es ja, der ein bisschen *lässiger* werden sollte", sagte er.

Mary-Kate und Ashley grinsten sich gegenseitig an. *Alles klar!*

Fortsetzung folgt auf Seite 82

Farbberatung mit

Mary-Kate und Ashley

Mary-Kates Lieblingsfarbe ist Braun und Ashley liebt Gelb. Wusstest du, dass Farben deine Persönlichkeit ausdrücken? Finde deinen Stil mit unserem kleinen Quiz.

Lies jede Aussage sorgfältig durch und kreuze an, was am ehesten zutrifft. Danach kannst du dein Ergebnis überprüfen.

Ich schlage häufig vor, was meine Freunde und ich als Nächstes unternehmen.

Ich versuche viele Dinge. Aber wenn es keinen Spaß macht, dann probiere ich es kein zweites Mal.

Ich bin gerne im Freien.

Ich kann nicht lange stillsitzen!

Ich plane nicht weit voraus – ich bin lieber spontan!

Normalerweise schwimme ich lieber mit dem Strom, anstatt aufzufallen.

Ich arbeite lieber zu zweit als in größeren Gruppen.

Ich liebe die Natur – Sonnenuntergänge, Strand und Wälder sind einfach toll!

Ich stehe total auf Actionfilme.

Überwiegend Rot

Du bist ein echtes Action-Girl und steckst voller Energie! Egal, ob du shoppen gehst oder dich beim Sport auspowerst – du bringst immer volle Leistung. Gönn dir ab und zu mal eine Ruhepause. Ein Abend zu Hause wird dir nicht schaden ...

Überwiegend Grün

Du liebst Ruhe und Frieden und bist nicht der Typ, der sich wichtig macht. Nur wenn dir etwas total gegen den Strich geht – dann tust du alles, um wieder glücklich zu werden. Du bist eine sehr gute Freundin, weil du niemanden bevormundest und dich für andere einsetzt.

Farben machen Laune

Mies drauf? Im Partyfieber? Oder einfach nur Lust zu chillen?
Wir verraten dir, welche Farbe zu deiner momentanen Stimmung passt.

Deine Stimmung	Deine Farbe
Energiegeladen – du willst endlich los!	Rot – egal, ob Trainingshose, T-Shirt oder Partykleid – in dieser Farbe gehst du ab!
Voller Ideen – am liebsten möchtest du eine Geschichte schreiben oder ein Bild malen	Blau – setzt in deinem Gehirn eine Extraportion Kreativität frei
Träumerisch – du willst eins mit der Natur sein	Grün – wenn du keinen Baum umarmen kannst, versuch's mal mit einer Zimmerpflanze
Gut drauf – du willst mit deinen Freundinnen jede Menge Spaß haben	Gelb – trage ein Top oder Haarschmuck in dieser Farbe, und die Sonne strahlt!
Gemütlich – du sehnst dich nach der Couch und einem Stapel DVDs	Rosa – kuschle dich in eine rosafarbene Decke und sei einfach mal faul
Fleißig – du schaffst deine Hausaufgaben mit links!	Braun – damit fühlst du dich stark und sicher (aber Schokolade zählt nicht!)

Normalerweise traue ich mich in der Clique als Erstes, einen neuen Look auszuprobieren.

Ich liebe ruhige, friedliche Tage.

Ich bin ein echter Fashion-Freak.

Überwiegend Blau

Du bist ein total natürlicher Typ, bist gerne draußen und strahlst eine Ruhe aus, die deine Freunde an dir sehr schätzen. Außerdem kannst du deine Gefühle sehr gut ausdrücken und dich in andere Menschen einfühlen.

Überwiegend Lila

Die Wörter ‚witzig' und ‚verrückt' scheinen für dich gemacht zu sein! Du bist schlagfertig, humorvoll und liebst neue Erfahrungen. Deshalb wird es mit dir auch nie langweilig. Du arbeitest gerne in Gruppen – dann hast du noch mehr Leute zum Spaß haben!

PERFEKTE FARBKOMBIS

Grasgrün und dunkles Violett – das passt echt!
Schwarz und – ach, einfach alles! Nur nicht von Kopf bis Fuß, es sei denn, du willst als Vampir gehen
Beige und Schokoladenbraun – damit siehst du zum Anbeißen aus
Gelb und Blau – der perfekte Sunshine-Look
Gold und Orange – eine warmherzige Kombination

SCHRÄGE FARBKOMBIS

Pink und Rot – niemals nie
Braun und Schwarz – beide rauben sich gegenseitig Energie
Orange und Lila – beißen sich
Grasgrün und Flieder – das ist sowas von out
Grau und Dunkelblau – es sei denn, du möchtest eine Uniform tragen

Mary-Kate und Ashleys ultimativer Astro-Guide

Wir haben am 13. Juni Geburtstag. Das heißt, dass wir beide – du hast es bestimmt schon erraten – im Sternzeichen Zwillinge geboren sind. Zwillinge sind charmant und unterhaltsam, sehr vielseitig und haben viele Freunde. Das passt doch super zu uns, oder? Bist du auch genau wie dein Sternzeichen? Hier erfährst du es ...

Widder

21. März – 20. April

Widder-Girls lieben die Herausforderung. Du bist eine echte Gewinnerin und kannst deine Freunde wirklich begeistern. Du stehst auf Action, deshalb findet man dich auch eher auf der Piste mit deinen Freundinnen statt zu Hause auf der Couch. Für Abenteuer bist du immer zu haben, und du läufst auch nicht davon, wenn es mal Schwierigkeiten gibt!

Stier

21. April – 20. Mai

Normalerweise bist du ruhig und unkompliziert, wenn du aber einen deiner berüchtigten Wutanfälle bekommst, sollten die anderen lieber in Deckung gehen! Du stehst auf Musik und hast eine künstlerische Begabung. Und wenn du etwas einmal gelernt hast, vergisst du es nicht mehr so leicht – das ist super für die Schule!

Zwillinge

21. Mai – 21. Juni

Zwillinge sind quirlig und umtriebig. Du liebst technische Spielereien und wärst ohne dein Handy total verloren! Selbst wenn es mal nicht so gut läuft, siehst du die Dinge positiv. Außerdem hast du ein Auge für Details. Die Gefühle anderer Menschen kannst du gut verstehen, auch wenn sie gar nichts sagen.

Krebs

22. Juni – 22. Juli

Krebs-Girls sind gerne zu Hause. Manchmal genießt du die Einsamkeit, andererseits liebst du es, mit deinen Freunden zusammen zu sein. Wenn es ihnen schlecht geht, hast du immer Zeit für sie. Gefühle sind dir nämlich sehr wichtig. Außerdem magst du kreative Hobbys wie Schreiben, Musik oder Theater spielen.

Löwe

23. Juli – 23. August

Löwinnen lieben Aufregung und stehen gerne im Mittelpunkt. Logisch, denn du bist beliebt, herzlich und großzügig und spielst gerne die Anführerin. Als du kleiner warst, warst du wahrscheinlich ein ziemlicher Wildfang. Heute ist dir dein gutes Aussehen sehr wichtig. Und du weißt, was du dafür tun musst ...

Jungfrau

24. August – 23. September

Praktisch, ordentlich, tüchtig und ein riesiges Organisationstalent – so könnte man dich beschreiben! Du erledigst deine Hausaufgaben normalerweise sofort und hältst auch deine Termine ein. Du hast eine gute Auffassungsgabe und liebst es, wenn viel los ist. Gleichzeitig bist du witzig und charmant. Am glücklichsten bist du, wenn du mit deinen allerbesten Freundinnen zusammen sein kannst. Gedränge ist nicht dein Ding.

Waage

24. September – 23. Oktober

Oberflächlich betrachtet wirkst du lieb und nett, aber du besitzt einen eisernen Willen und weißt genau, was du willst. Du bist eine echte Styling-Queen, liebst Klamotten und brauchst immer lange, um zu entscheiden, was du anziehen willst. Deine Freunde wissen, dass man dir jedes Geheimnis anvertrauen kann, denn obwohl du gerne redest, würdest du nie etwas ausplaudern.

Skorpion

24. Oktober – 22. November

Du hast genaue Ziele und weißt, wie du sie erreichen kannst! Deine Freunde suchst du dir sehr sorgfältig aus, und sie schätzen dich für deine guten Ratschläge. Du gehst lieber eigene Wege, statt anderen zu folgen. Und manchmal ziehst du dich zurück, um neue Energien zu tanken.

Schütze

23. November – 21. Dezember

Du besitzt schier unerschöpfliche Energien! Es macht dir gar nichts aus, viele Dinge auf einmal zu erledigen. Manchmal kannst du eine kleine Rebellin sein, aber du akzeptierst, dass die meisten Regeln einen Sinn haben. Dein Freundeskreis ist wahrscheinlich ein bunt zusammengewürfelter Haufen. Du trittst nicht gerne auf der Stelle, sondern suchst dir eine neue Herausforderung.

Wassermann

21. Januar – 19. Februar

Deine Einfälle sind oft ungewöhnlich und du fällst klamottenmäßig aus dem Rahmen, siehst aber immer toll aus! Du hast jede Menge Freunde, doch die können nie genau wissen, was du als Nächstes anstellen wirst – Wassermann-Girls sind einfach unberechenbar!

Steinbock

22. Dezember – 20. Januar

Deine unerschütterliche Ruhe ist in schweren Zeiten hilfreich, weil du nicht in Panik gerätst – du löst ein Problem ruhig und ohne viele Worte. Du bist sehr fleißig in der Schule und gut im Organisieren. Gleichzeitig weißt du aber genau, wenn es Zeit für eine Pause ist. In puncto Mode machst du nicht alles mit – du hast deinen eigenen Stil gefunden.

Fische

20. Februar – 20. März

Fische-Girls besitzen eine blühende Fantasie! Du bist sehr kreativ, liebst es, zu träumen und Geschichten zu erfinden. Magische und geheimnisvolle Dinge ziehen dich unweigerlich an. Deine Freunde lieben dich dafür, dass du so verständnisvoll bist. Außerdem bist du gefühlsbetont, intuitiv und feinfühlig.

Mary-Kate und Ashleys
großer Ferienratgeber

Hurra, endlich Ferien! Damit die garantiert nicht langweilig werden, haben wir ein paar Tipps für dich.

Wie sieht dein idealer Sommertag aus?

- Am Strand liegen und etwas Eiskaltes trinken
- Auf zur Grillparty in meinem süßesten Sommerkleid
- Mit meinen Freundinnen schwimmen gehen

Holiday-Tipp
Zwischen 12 und 15 Uhr ist Schatten angesagt – Sonnenbrand-gefahr!

Wie fühlst du dich, wenn die Sommerferien anfangen?

- Fantastisch – wie sonst?
- Ich hab so viel vor und wünschte, die Ferien wären länger
- Ich liebe den Sommer, aber manchmal weiß ich nicht, was ich anfangen soll

Deine Eltern haben im Lotto gewonnen und du kannst die Ferien verbringen, wo du willst! Du entscheidest dich für:

- Disneyland!
- Irgendwas mit Action, zum Beispiel Skifahren
- Ein elegantes Wellnesshotel, in dem ich mich total verwöhnen lasse

Deine Eltern haben nicht im Lotto gewonnen. Deshalb sitzt du bei Regenwetter in einem Wohnwagen herum. Was tust du?

- Ich verziehe mich mit einem Magazin und lese den neuesten Star-Klatsch
- Ich krame alle Gesellschaftsspiele hervor – heute ist Gewinnen angesagt!
- Ich ziehe Gummistiefel und Regenjacke an – nichts hält mich drinnen!

Holiday-Tipp
Extraschutz für dein Haar: Verwende eine Spülung mit Lichtschutzfaktor!

Holiday-Tipp
Hitze trocknet aus, deshalb immer viel Wasser trinken!

Ferienflirt – just for fun?

Du weißt, dass es mehr als nur ein Flirt ist, wenn ...

- du beim Abschied eine Träne in seinem Auge blinken siehst.
- er dich schon lange vor der Abreise um deine Adresse und Telefonnummer anfleht.
- er versucht, seine Eltern davon zu überzeugen, in deine Heimatstadt umzuziehen.

Du weißt, dass dein Flirt nichts bedeutet hat, wenn ...

- er ständig vergisst, dir seine Telefonnummer zu geben.
- er sich mehr für Hamburger und Grillwürstchen interessiert als für romantische Strandspaziergänge im Mondlicht.
- er dich Sarah nennt und du gar nicht so heißt.

Keep cool!

Verwende immer eine Sonnencreme, die mindestens Lichtschutzfaktor 15 hat.

*

Schmink dich nur leicht – tonnenweise Make-up im hellen Sonnenlicht sieht zum Fürchten aus!

*

Ist dein Gesicht gerötet? Eine kühlende After-Sun-Creme schafft Abhilfe.

*

Sei auch an knallheißen Tagen top gestylt – mit einem witzigen Pareo, T-Shirt und Sonnenhut.

*

Vermeide süße Limonaden und Eiscreme. Wie wäre es stattdessen mit einem erfrischenden Mix aus Mineralwasser und Fruchtsaft?

Überwiegend ✿
Du liebst es, draußen zu sein. Nichts ist so schlimm, wie drinnen eingesperrt zu sein. Als Action-Girl suchst du die Herausforderung – ideal für dich sind Sportkurse. Versuch's doch mal mit Skateboarden, Indoor-Skifahren oder Tauchen!

Überwiegend ✿
Du bist gerne am Strand, stehst aber auch auf Action! Deshalb solltest du deine faulen Strandtage als Beach-Girl immer mit interessanten Besichtigungstouren abwechseln. Wenn du zudem ein paar Bücher und Spiele in deinen Koffer packst, kommt garantiert keine Langeweile auf.

Überwiegend ✿
Für dich heißt Ferien machen, dich voll und ganz auf deine Lieblingsthemen Mode und Beauty zu konzentrieren – wie sich das für eine Luxus-Lady gehört! Vergiss die Schule und langweilige Kleiderordnungen und organisiere ein paar Pyjamapartys, auf denen du mit deinen Freundinnen Styling-Tipps austauschen kannst.

Probier in den Ferien doch mal was Neues aus, zum Beispiel ...

exotische Gerichte. Tintenfisch? Schnecken? Trau dich ruhig ...

*

abgefahrene Sportarten. Skateboard, Inliner, Trampolin! Such dir was aus ...

*

ein ganz anderes Buch lesen. Du stehst auf Liebesromane? Dann lies doch zur Abwechslung einen Krimi.

*

ein neues Styling. Magst du's eher sportlich? Dann versuch's doch mal mit einem sexy Sommerkleid.

*

Kochen. Probier's mal mit Pizza und lade ein paar Freunde ein, damit sie dir beim Aufessen helfen.

School is cool mit
Mary-Kate und Ashley

Während unserer Dreharbeiten wurden wir immer auf dem Set unterrichtet, damit wir in der Schule nichts verpassten. Einmal hatten wir sogar einen Schrank als Klassenzimmer!

Wie ist es bei dir in der Schule? Bist du ein Streber oder eine faule Socke? Mach unseren Test und finde es heraus!

1

Du hast tierisch viele Hausaufgaben bekommen. Was denkst du?

- Super! Ich liebe Mathe und jetzt kann ich noch mehr Aufgaben lösen!
- Na ja, wenigstens habe ich eine Entschuldigung, um mich vor dem Abwasch zu drücken
- Ich gehe heute Abend ins Kino. Die Hausaufgaben mach ich morgen – wenn ich früh genug aufwache!

2

Wie oft hast du bei Schulaufführungen mitgemacht?

- Ein- oder zweimal. Es hat Spaß gemacht, ich musste aber etwas dafür tun
- Ich mach immer mit, denn so kann ich noch mehr Zeit in der Schule verbringen
- Ihr macht wohl Witze? Wertvolle Partyzeit mit Proben verbringen?

3

Hurra, endlich Wochenende! So sieht dein Plan aus:

- Freitagabends gehe ich aus – den Rest des Wochenendes verbringe ich mit Shoppen
- Ich bin das ganze Wochenende in der Bibliothek und arbeite an meinem Projekt
- Ich mache meine Hausaufgaben am Freitagabend, damit ich samstags Zeit für meine Freundinnen habe

4

Jemand steckt dir im Unterricht einen Zettel zu, den du weitergeben sollst. Was tust du?

- Ich lese erst mal selbst, was draufsteht – wenn es was Interessantes gibt, will ich es schließlich wissen
- Ich gebe ihn weiter, wenn ich kann. Wenn nicht – Pech gehabt!
- Ich behalte ihn – dann stört keiner mehr damit den Unterricht!

Überwiegend ✿

Du gehst so gerne in die Schule, dass du es selten pünktlich zum Essen nach Hause schaffst! Vergiss nicht: Es gibt noch viele andere Dinge, die Spaß machen – zum Beispiel Shoppen. Das kannst du in der Schule garantiert nicht!

Überwiegend ✿

Du magst die Schule sehr, hast aber auch jede Menge andere Interessen. Manchmal schlägst du zwar über die Stränge, doch solange das nicht öfter passiert, geht das in Ordnung.

Überwiegend ✿

Streicheaushecken ist dein Lieblingsfach! Dabei gibt es tausend andere lustige Dinge in der Schule: Pausen, Freundinnen, Schulausflüge und Klassenpartys – so schlecht ist das doch gar nicht, oder?

Tipps und Tricks, die den Schulalltag erleichtern

- Schaff dir einen Planer an. Er zeigt dir, wann du Hausaufgaben und andere Arbeiten abgeben musst.
- Erledige die Hausaufgaben nicht immer in letzter Minute.
- Komm pünktlich in die Schule!
- Lass es während der Woche abends nicht zu spät werden. Nimm deine Lieblingsserie doch einfach auf und schau sie dir am nächsten Tag an!
- Sprich mit einem Lehrer, wenn du ein Problem hast – er wird dir sicherlich helfen!
- Vergiss nicht, dass Schule auch Spaß machen kann – hier triffst du täglich deine Freundinnen und lernst jede Menge interessante Dinge!

Nervenfutter

Gesundes kann auch lecker sein!
Drei Vorschläge für deine Lunchbox:

Vollkornbrötchen mit Thunfisch und Gurke

Roggenbrot mit Lachsschinken und Salat

Kürbiskernbrot mit Hüttenkäse und Tomate

Organisier dich!

Du möchtest den Überblick über deine Schulsachen behalten? Hier ein paar Tipps:

- Schau dich in deinem Zimmer um! Sortiere alles aus, was du nicht mehr brauchst oder nicht mehr benutzt.
- Richte dir eine kleine Arbeitsecke ein. Super: Ein Schreibtisch kann zugleich auch als Schminktisch dienen!
- Bewahre Bücher und Hefte nach Fächern getrennt in verschiedenen Ordnern auf.
- Erledige deine Hausaufgaben gleich nach dem Heimkommen, dann hast du den Abend frei!
- Leg dir schon am Vorabend heraus, was du anziehst. Dann gibt's am nächsten Morgen keine hektische Suche mehr nach den richtigen Klamotten!

Ein unschlagbares Team

Fortsetzung von Seite 73

Ein **Zwilling** kommt **selten** allein

13. Kapitel

„Dritter Schlagfehler!", rief der Radiosprecher.

Carrie saß in einem Gartenstuhl oben auf ihrem Dach. Ihr Radio stand neben ihr. „Er ist nicht der Einzige, der keinen Treffer gelandet hat", seufzte sie.

Es war der erste Abend, seit Kevin Burke sie gefeuert hatte. Und heute konnte sie noch nicht einmal ein Spiel der *Cubs* aufheitern.

Ich habe alles vermasselt, dachte sie. *Ich hätte wissen müssen, dass er sich Sorgen macht, wenn die Mädchen nicht zu Hause sind. Aber musste er so gemein sein?*, überlegte sie. *Er hat es fertig gebracht, dass ich mir wie ein Wurm vorkomme!*

„Zwei Spieler sind draußen. Jetzt bringt Chicago Sammy Sosa ins Spiel", sagte der Sprecher.

„Sammy?", wiederholte Carrie. Sie drehte ihr Radio lauter. Sammy Sosa war ihr Lieblingsspieler bei den *Cubs*. „Mach schon, Sammy!", rief sie. „Zeig denen, was in dir steckt!"

Sie beugte sich über das Radio und wartete auf einen Schlag.

„Carrie?", rief eine männliche Stimme.

Carrie wirbelte herum und entdeckte Kevin Burke. Ihr drehte sich der Magen um.

„Herr Professor?", sagte sie. Schnell drehte sie das Radio leiser. „Wollen Sie nachsehen, ob die *Cubs* um neun im Bett sind?"

Nein!, dachte sie, sobald die Worte aus ihrem Mund geschlüpft waren. *Es sind meine blöden Witze, die mir auch schon vorher den Ärger eingebracht haben!*

Doch Kevin lächelte nur und schüttelte den Kopf.

„Die Mädchen haben mir erzählt, dass es hier die besten Plätze gibt", sagte er. „Und das wollte ich mir mal selbst ansehen. Ich hoffe, Sie haben nichts dagegen."

Carrie grinste und fühlte sich nicht mehr so angespannt. „Nee. Es ist nämlich ein bisschen schwierig, eine La-Ola-Welle ganz alleine zu machen", witzelte sie.

Kevin zog einen Stuhl zu dem Tisch herüber. Er deutete auf das Radio. „Also, wer ist dran?"

„Sammy Sosa", sagte Carrie.

„Sammy wer?", fragte Kevin. Er wandte sich zu dem Radio und rief: „Komm schon, Sammy!"

Carrie betrachtete Kevin. Er sah nicht sauer aus. Nur ein bisschen unbehaglich. *Aber warum fühlt er sich unbehaglich?*, fragte sie sich. *Ich bin doch diejenige, die gefeuert worden ist!*

„Okay, Professor Burke." Sie stand von ihrem Stuhl auf. „Ich weiß, dass Sie nicht gekommen sind, um Sammy anzufeuern. Worum geht's also?"

„Ich bin gekommen, um mich zu entschuldigen", sagte Kevin.

Wie bitte? Hab ich richtig gehört?, überlegte Carrie.

Sie schüttelte den Kopf. „Sie müssen sich nicht entschuldigen. *Ich* hab die Mädchen zu spät nach Hause gebracht. Und ich hätte wissen müssen, dass Sie sich Sorgen machen. Sie hatten jedes Recht der Welt, mich zu feuern."

„Ich weiß", sagte Kevin. „Aber ..."

Carries verletzte Gefühle schwappten erneut hoch. „Aber Sie hätten deswegen nicht so gemein sein müssen", platzte sie heraus. „*Dafür* können Sie sich entschuldigen."

„Wie bitte?", rief Kevin. Er sprang vom Stuhl hoch und wedelte mit den Armen in der Luft herum. „Ich war schrecklich besorgt."

„Aber deshalb müssen sie nicht schreien", fügte Carrie hinzu.

„Ich schreie nie!", schrie Kevin.

„Aber jetzt schreien Sie!", schrie Carrie zurück.

„Nur, weil ich mir ein Baseballspiel anschaue!", brüllte Kevin. Er beugte sich über die Mauer und schrie sich die Lunge aus dem Leib: „Lauft, *Cubs*! Lauft, *Cubs*!"

Carrie konnte sich ein Grinsen nicht verkneifen.

Kevin drehte sich um und schaute sie an. „Hören Sie, ich bin nicht nur gekommen, um mich zu entschuldigen." Er schaute auf seine Hände. „I... ich bin gekommen, um sie zurückzuholen."

Carrie starrte ihn sprachlos an.

„Wie kommt's?", sagte sie schließlich.

„Carrie, ich habe nämlich herausgefunden, dass meine kleinen Mädchen nicht länger kleine Mädchen sind", erklärte Kevin. „Sie werden langsam erwachsen."

Carrie verstand allmählich, worauf er hinauswollte. Sie nickte. „Oh. Und das ist gespenstisch, nicht wahr?", sagte sie mitfühlend.

„Wem sagen Sie das", stimmte er zu. „Und es gibt eine Menge, über das sie mit mir nicht reden können. So Sachen wie ..."

„Jungs?", fragte Carrie.

„Ja!", sagte Kevin.

„Mit anderen Worten ... Mädchenkram", sagte Carrie.

Kevin nickte. „Aber Sie können mit ihnen darüber reden."

„Vielleicht, weil ich all das selbst miterlebt habe", stellte Carrie fest.

„Nun ja, und ich nicht", sagte Kevin. „Und da müssen Sie jetzt ran. Mary-Kate und Ashley brauchen so jemanden wie Sie. Deshalb möchte ich, dass Sie zurückkommen und für uns arbeiten."

Carries Herz hüpfte vor Freude. Doch sie hatte beschlossen, sich cool zu geben. Außerdem gab es da noch etwas, das sie mit Kevin klären musste, bevor sie Ja sagte.

„Okay, ich werde zurückkommen", sagte sie. „Unter einer Bedingung."

Kevin seufzte. „Carrie, wenn Sie von mir erwarten, dass ich den Unterricht im Labor erst um acht beginne ..."

„Nein, nein." Carrie lachte. „Nichts dergleichen. Hier ist meine Bedingung: Ich werde nicht Ihre Spionin spielen, Professor Burke."

„Spionin?", fragte Kevin. „Was meinen Sie damit?"

„Ich meine, falls Mary-Kate und Ashley mir etwas erzählen, das Sie meiner Meinung nach wissen sollten, werde ich es Ihnen sagen. Ansonsten bleiben die Sachen zwischen den beiden und mir streng vertraulich. Abgemacht?" Carrie streckte ihre Hand aus.

Kevin zögerte eine ganze Weile. *Hab ich es vermasselt?*, überlegte Carrie.

Dann streckte Kevin die Hand aus. Lächelnd schüttelte er ihre Hand. „Abgemacht!", sagte er.

„Gut", meinte Carrie zufrieden. Sie lehnte sich in ihren Stuhl zurück. „Und jetzt sollten wir endlich zum Spiel zurückkommen."

„Okay", sagte Kevin. „Aber vorher habe ich noch eine Frage."

Carrie hob die Hand. „Schießen Sie los."

„Wer ist Pokey Valentine?", fragte Kevin.

Carrie sah Kevin forschend an. *Stellt er mich auf die Probe?*, überlegte sie. Statt zu antworten, wandte sie sich wieder dem Spiel zu.

„Komm schon, Sammy!“, rief sie.

„Oh, na ja“, murmelte Kevin. „Ich schätze, abgemacht ist abgemacht.“

14. Kapitel

„Hi, Brian“, sagte Ashley in den Telefonhörer. „Hier ist Ashley.“

Sie warf einen Blick auf die Uhr. Es waren noch zwei Stunden bis zum großen Spiel. Und das hieß, dass ihr nur noch zwei Stunden blieben, um ihren Kopf aus der Schlinge zu ziehen!

„Ich rufe nur an, um zu fragen, wie's dir so geht“, fuhr Ashley fort. „Ist ... äh, ist dein Bein immer noch gebrochen?“, fügte sie hinzu.

„Nur an vier Stellen“, schnappte Brian.

Ashley schluckte. „Das ist echt blöd“, sagte sie. „Vielleicht hilft es, wenn du heute Nachmittag Softball spielst. Wahrscheinlich würde die Bewegung ...“

Klick!

Ashley starrte den Hörer an. *Er hat einfach aufgelegt!*

Und jetzt?, überlegte sie. *Ich muss irgendwie aus diesem Spiel herauskommen!*

Plötzlich merkte sie, dass ihr jemand den Hörer aus der Hand nahm. Sie drehte sich um und sah Mary-Kate, die sie angrinste.

„Ganz schön raffiniert“, sagte Mary-Kate.

Ashley sah ihre Schwester entschuldigend an.

„Ich hab's dir doch schon gesagt“, meinte Ashley. „Ich würde lieber Regenwürmer essen als Softball spielen.“

„Na ja, da wirst du aber kein Glück haben“, witzelte Mary-Kate. „Heute Abend gibt's nämlich Hamburger.“

Mary-Kate und Ashley trugen T-Shirts, auf denen vorne mit Klettverschluss ihre Namen befestigt waren. Hinten stand der Name ihres Teams: Die *Belmont Bashers*.

„Los, jetzt komm schon, Ashley“, sagte Mary-Kate. Sie nahm einen Apfel aus einer Schüssel und polierte ihn an ihrem T-Shirt. „Hast du denn gar nichts gelernt, als wir kürzlich auf Carries Dach das Spiel der *Cubs* angeschaut haben?“

„Doch“, brummte Ashley. „Ich habe gelernt, dass ich ein Fan sein möchte, kein Spieler.“

Carrie betrat die Küche. „Fans sind auch wichtig, weißt du“, sagte sie und grinste. „Und du sollst auch wissen, dass ich dein größter Fan sein werde, Ashley. Ich werde da sein und mir die Lunge aus dem Leib schreien.“

„Super“, stöhnte Ashley. „Während ich mir die Lunge aus dem Leib renne.“

Die Tür öffnete sich, und Jessica und Max traten ein.

„Bereit, Team?“, fragte Max. Er warf einen Ball in die Luft und fing ihn mit seinem Fanghandschuh wieder auf.

Ich werde niemals bereit sein, dachte Ashley mit einem flauen Gefühl im Magen.

„Wir sollten besser gehen“, sagte Jessica. „Wir haben schon ein paar Kids gesehen, die auf dem Weg zum Park waren.“

„Wen denn?“, fragte Mary-Kate.

„Pokey Valentine und seine Freunde“, erwiderte Jessica. „Sie wollen sich das Spiel von der Tribüne aus ansehen.“

Ashley schaute auf. Ihr Herz begann schneller zu schlagen. „Hast du gesagt ... Pokey Valentine?“, fragte sie und versuchte beiläufig zu klingen.

„Pokey sagte, er will es auf keinen Fall versäumen, mitzuerleben, wie wir fertig gemacht werden“, sagte Max.

Mary-Kate warf ihren Apfel auf die Anrichte. „Das hat Pokey gesagt?“, fragte sie wütend.

„Das hat Pokey gesagt?“, wiederholte Ashley mit einem mulmigen Gefühl. Sie hatte nicht gedacht, dass es noch schlimmer kommen könnte. Aber das tat es. Pokey Valentine würde sehen, was für eine miserable Softballspielerin sie war!

Das war's, wurde Ashley klar. *Jetzt ist alles vorbei.*

Als sie im Park waren, studierten Mary-Kate, Max und Jessica das gegnerische Team, während Ashley die Tribüne nach Pokey Valentine absuchte.

Da ist er, bemerkte sie. *Zwei Reihen vor Carrie. In der Mitte.*

„Waren die Kids aus der Dearborn Street schon immer so groß?“, fragte Mary-Kate und unterbrach ihre Gedanken.

Jessica stieß einen Pfiff aus. „Oh Mann! Schaut euch nur an, wie groß ihr Pitcher ist!“

„Du meinst das Riesenbaby mit der Zahnklammer?“, fragte Mary-Kate.

„Das ist keine Zahnklammer“, sagte Max schaudernd. „Er kaut Nägel.“

„Hast du ihre Stollen gesehen?“, sagte Mary-Kate. „Sie sehen wie Eisenbahnbolzen aus.“

Ashley hob die Hände über den Kopf und klatschte. „Wollt ihr wohl aufhören!“, rief sie.

Einen Moment später fühlte sie eine Hand auf ihrer Schulter. Als sie sich umdrehte, entdeckte sie Carrie.

„Du wirkst so aufgewühlt, selbst von der Tribüne aus“, sagte Carrie. Sie warf Max und Jessica einen Blick zu. „He, Leute, würdet ihr uns eine Minute entschuldigen? Ashley braucht ein bisschen Aufmunterung.“

„Kein Problem“, sagte Jessica. „Max und ich werden uns aufwärmen.“

„Das werden wir auch brauchen“, sagte Max mit dumpfer Stimme. Er drehte sich um und folgte Jessica über das Schlagfeld.

„Wie geht's dir, Kleine?“, fragte Carrie Ashley.

„So, als ob ich gleich gedemütigt, gequält und zu Brei gemacht werde“, sagte Ashley. „Mit anderen Worten – super.“

„Na komm, Ashley“, spornte Mary-Kate sie an. „Das könnte das größte Spiel für jemanden aus der zweiten Reihe werden, das es je gegeben hat. Ich wette du schlägst einen Home-Run.“

„Ich würde lieber nach Hause rennen“, murmelte Ashley.

Mary-Kate schüttelte den Kopf. „Manchmal kann ich es einfach nicht glauben, dass du meine Zwillingsschwester bist.“

Ashley öffnete den Mund, um etwas zu erwidern. Doch sie hielt inne, als sie sah, dass Carries Gesicht aufleuchtete.

„Hey. Das ist es!“, rief Carrie.

Die Zwillinge starrten sie an. „Was denn?“, fragte Mary-Kate.

„Die Lösung für Ashleys Problem“, sagte Carrie.

„Wie meinst du das?“ Ashley fühlte sich benommen.

Carrie grinste und legte ihre Arme um die Schultern der Zwillinge. „Hört zu“, sagte sie. „Das ist mein Plan ...“

Fortsetzung folgt auf Seite 88

Fans fragen ...
Mary-Kate und Ashley antworten

„Wie frage ich einen Jungen, ob er mit mir ausgehen will?" – **BALYNNDA2**

Ashley: Wir können dein Problem gut verstehen, weil wir damit auch so unsere Schwierigkeiten haben! Aber ein Versuch ist es wert, wenn du einen richtig süßen Jungen entdeckt hast. Wie genau kennst du ihn und vor allem: Wie mutig bist du? Davon hängt es ab, wie du vorgehst. Die Variante für Schüchterne: Arrangier ein Treffen mit ein paar Freunden. Dabei kannst du ihm ganz unauffällig ein paar Fragen stellen und ihn ein wenig näher kennen lernen. Dann wirst du auch merken, ob er an dir interessiert ist und ob ihr Gemeinsamkeiten habt. Denk immer dran: Ein Junge, der vielleicht dein fester Freund werden soll, muss mehr vorweisen können als ein hübsches Gesicht! Falls du besonders mutig bist oder der Junge nicht zu deinem Bekanntenkreis gehört, dann geh einfach zu ihm und frag ihn, ob er nicht mal Lust hat, einen Milchkaffee mit dir zu trinken. Nicht vergessen: Locker bleiben und lächeln! Viel Glück!

„Bald ist die Schule zu Ende. Ich möchte eine Abschlussparty veranstalten, habe bisher aber nur meine Geburtstage gefeiert. Könnt ihr mir ein paar Tipps für Spiele, Essen, Musik etc. geben?" – ***weeStrBrstFlrt***

Mary-Kate: Als Erstes musst du dir überlegen, welche Art Party es werden soll. Ein zwangloses Grillfest am Nachmittag? Eine Pool-Party mit coolen Getränken und kleinen Snacks? Oder ein elegantes Fest am Abend? Es gibt viele Möglichkeiten, die von deinem Geldbeutel und dem Ort abhängen. Finde heraus, welche Art Party am besten zu dir und deinen Freunden passt. Und dann solltest du das Ergebnis deinen Eltern präsentieren, damit sie dir die Erlaubnis erteilen (vielleicht hilft dir deine Mutter bei der Zubereitung des Essens!).

Ashley: Eine Mottoparty bleibt bei allen lange in Erinnerung. Wie wäre es, wenn du eine Beachparty schmeißt? Du könntest Salate und Snacks in ausgehöhlten Melonen und Drinks mit kleinen Schirmchen servieren!

„Ich habe die Schule gewechselt und nun vermisse ich meine Freundinnen von der alten Schule. Helft mir!" – ***Asiablueberries***

Mary-Kate und Ashley: Ein Schulwechsel ist immer schwer. Aber statt immer nur daran zu denken, wie sehr du deine alten Freundinnen vermisst, solltest du dich darauf konzentrieren, neue Freunde an der neuen Schule zu finden. Schließ dich einer Clique an, die ähnliche Interessen wie du hat. Melde dich bei AGs, Clubs und Sportgruppen an – so bekommst du Gelegenheit, viele verschiedene Menschen zu treffen und herauszufinden, wer zu dir passt. Das bedeutet nicht, dass du deine alten Freundinnen aufgeben musst: Melde dich regelmäßig per E-Mail oder Telefon bei ihnen. Du musst ein wenig Mühe investieren, aber es lohnt sich! Wir wünschen dir alles Gute!

„In den Sommerferien spiele und singe ich bei Theateraufführungen. Aber letztes Jahr hatte ich so viel Lampenfieber, dass ich meinen Einsatz verpatzt habe. Was kann ich tun, damit es mir beim nächsten Mal nicht so geht?" – **Babydoll78962**

Mary-Kate: Das kennen wir! Obwohl wir schon tausendmal vor Publikum aufgetreten sind, haben Ashley und ich immer noch Lampenfieber, wenn wir auf die Bühne müssen. Und da gab es manchmal ganz schön viele Zuschauer – versuch mal, einen MTV Music Award zu vergeben, wenn tausende von Stars zuschauen!

Ashley: Lampenfieber gehört einfach dazu. In der Woche vor der Premiere solltest du dir vor dem Schlafengehen ein paar Minuten lang deinen Auftritt vorstellen, wie gut alles läuft und wie perfekt dein Text sitzt! Diese Technik funktioniert wirklich! Außerdem wird in der Aufregung vor dem Auftritt jede Menge Adrenalin in deinen Körper gepumpt, was dich zu Höchstleistungen antreiben kann! Und jetzt – raus auf die Bühne und zeig's allen!

„Mein Problem: Ich bin viel zu ruhig! Wie kann ich aufgeschlossener werden? Bitte, gebt mir einen Rat." – **ShaniHB**

Mary-Kate: Ich finde es toll, dass du an dir arbeiten willst, aber vergiss dabei bitte nicht, dass es völlig okay ist, wenn man zu der ruhigeren Sorte gehört! Manche Menschen sind einfach von Natur aus aufgeschlossener und gesprächiger. Statt zu versuchen, deine Persönlichkeit zu verändern, solltest du lieber deine bestehenden Freundschaften vertiefen und neue Freunde in der Schule oder im Sportverein finden. Oder tritt in die Theater-AG ein und übernimm eine Rolle im nächsten Theaterstück, das an der Schule aufgeführt wird! Dabei triffst du nicht nur jede Menge interessante Leute, du wirst auch besser auf andere zugehen können, wenn du vor Publikum zu sprechen gelernt hast. Doch egal, was du tust – bleib dabei immer du selbst. Und vergiss nicht – die anderen lieben gute Zuhörer!

„Ich trage täglich dasselbe Augen-Make-up und möchte mal was Neues ausprobieren, was meine Augen betont. Ich benutze Mascara, hellrosa Lidschatten und schwarzen Kajal – wie kann ich meinen Look aufpeppen?" – **CloudEEAAW1605**

Mary-Kate und Ashley: Du kannst deine Augen betonen, indem du auf Farben setzt. Wenn du braune Augen hast, dann wirkt ein feiner grüner Lidstrich Wunder! Blaue Augen strahlen mit blauem und violettem Lidschatten. Lass grüne Augen mit einem Hauch dunkelbraunem Lidschatten leuchten. Besonders edel für abends: Setze ein Highlight mit schimmerndem Lidschatten, den du vom äußeren Lidrand bis unter die Augenbrauen verteilst! Informiere dich in der Kosmetikabteilung deiner Drogerie über die neuesten Looks. Viel Spaß beim Ausprobieren!

Ein unschlagbares Team

Fortsetzung von Seite 85

Ein **Zwilling** kommt **selten** allein

15. Kapitel

„Schnell. Tauscht eure Namensschildchen“, befahl Carrie.

„Wie bitte? Tauschen?“, wiederholte Mary-Kate. „Warum denn?“

„So wirst du zu Ashley, und Ashley wird zu dir“, erklärte Carrie.

„Oh, hab kapiert! Wenn ich also einen Schlagfehler mache, glauben alle, es war Mary-Kate. Alle – einschließlich Pokey Valentine!“ Ashley grinste. „Eine super Idee!“

Hey! Moment mal!, dachte Mary-Kate. Sie schaute die beiden finster an. „Das ist eine *lausige* Idee. Da mach ich nicht mit!“

„Mary-Kate?“ Ashley verschränkte die Arme. „Erinnerst du dich an die Ballettaufführung, als wir sechs Jahre alt waren? Du warst so nervös, du konntest noch nicht einmal dein Nachtfalter-Kostüm anziehen.“

Mary-Kate schaute betreten auf ihre Turnschuhe. „Klar, ich erinnere mich“, sagte sie.

„Und wer ist damals für dich eingesprungen?“, fragte Ashley. „Wer hat den Schmetterling getanzt und den Nachtfalter?“

„Du“, gab Mary-Kate zu.

„Und wer hat die besondere Auszeichnung vom Ballettlehrer gekriegt, weil die Aufführung so gut war?“, fragte Ashley und hob eine Augenbraue.

„Ich ... ich meine du“, sagte Mary-Kate.

Ashley streckte die Hände aus. „Verstehst du? Du schuldest mir was, Mary-Kate!“

„Sie hat Recht“, sagte Carrie grinsend. „Du schuldest ihr was, Sportsfreundin.“

Mary-Kate zögerte. Sie wusste, dass Ashley einen Treffer gelandet hatte – aber musste sie sich wirklich so demütigen lassen?

„Na komm schon.“ Carrie tätschelte sanft Mary-Kates Haare. „Sie ist deine Schwester. Und dies ist wirklich wichtig für sie. Genau das tut man in einer Familie füreinander.“

„Okay.“ Mary-Kate tippte auf ihr Namensschild. „Dann mal los mit der Verwandlung.“

„Jetzt sind wir endlich auf einer Linie“, sagte Ashley.

Schnell tauschten die Zwillinge die Namensschildchen. Jetzt war Mary-Kate Ashley, und Ashley war Mary-Kate.

„Sehr überzeugend“, sagte Carrie. „Ich hoffe nur, dass ihr zwei das durchhaltet.“

„Ich auch“, sagte Mary-Kate. „Vielleicht können wir den Kids aus der Dearborn Street was vormachen. Aber klappt das auch bei unseren Freunden? Ich meine, Ashley ist ein bisschen größer als ich.“

In diesem Augenblick rannte Jessica zu ihnen. „Komm schon, Mary-Kate“, rief sie. „Das Spiel fängt an – und du bist als Erste dran.“

Dann nahm sie Ashleys Arm.

Während Jessica sie mit sich zog, warf Ashley einen Blick über ihre Schulter und grinste Mary-Kate an.

„Oh Mann“, murmelte Mary-Kate „Schätze, wir können sogar unsere Freunde reinlegen.“

„Ich wünschte, ich hätte auch einen Zwilling“, sagte Carrie und klopfte Mary-Kate auf die Schulter. „Das hast du toll gemacht, Kleine. Du bist eine super Schwester. Jetzt mach das Beste draus!“

Die *Dearborn Devils* nahmen ihre Positionen auf dem Feld ein. Mary-Kate saß zwischen Max und Jessica auf der Bank. Sie sah, dass Ashley den Schläger in ihre zitternden Hände nahm.

„Ich bin froh, dass Mary-Kate als Erste dran ist", sagte Jessica. „Sie ist die beste Spielerin, die wir haben."

Mary-Kate streckte stolz die Brust heraus. „Danke!", hätte sie beinahe gesagt. Aber sie erinnerte sich noch rechtzeitig daran, dass sie ja nun Ashley war.

„Oh, stimmt. Sie ist okay, schätze ich", sagte sie stattdessen.

Sie beobachtete, wie Ashley zum Schlagmal ging. *Ich hasse es,* dachte sie. *Ich wünschte, dass wirklich ich da unten wäre!*

„Komm schon, Mary-Kate!", schrie Max von der Bank aus.

Mary-Kate starrte ihre Zwillingsschwester an. Ashley sah total nervös aus!

Ich muss ihr helfen!, wurde Mary-Kate mit einem Mal klar. *Sie braucht mich!*

„Lauf, Mary-Kate!", schrie Mary-Kate. „Mach sie fertig!"

Ashley, die immer noch am Mal stand, schaute sich um und streckte ihrer Schwester den erhobenen Daumen entgegen.

Genau in diesem Moment schoss der Pitcher seinen ersten Wurf ab.

„Nein! Halt den Ball im Auge!", schrie Mary-Kate.

„Welchen Ball?" Ashley sah verwirrt aus.

„*Diesen* Ball!", brüllte Mary-Kate und deutete auf den Softball, der Richtung Home-Plate sauste.

„Hilfe!", schrie Ashley. Sie drückte schnell die Augen zu.

„Schlagfehler!", schrie der Schiedsrichter.

Jessica sprang von der Bank auf. „Ein Schlagfehler? Das sieht Mary-Kate überhaupt nicht ähnlich."

Mary Kate sackte in sich zusammen und vergrub ihren Kopf in den Händen. *Ashley ist meine Schwester und ich würde am liebsten an ihrer Stelle sein,* dachte sie. *Aber muss das wirklich so hart sein? Mein Ruf ist bald völlig ruiniert!*

Mary-Kate beobachtete voller Anspannung, wie Ashley einen weiteren Schlagfehler machte. *Zumindest hat sie jetzt den Schläger bewegt,* dachte Mary-Kate.

Der Pitcher schoss noch einen Ball ab, der zur Home-Plate sauste. Verzweifelt umklammerte Ashley ihren Schläger. Sie holte aus.

Krach!

Es war ein Treffer!

„Super!", schrie Carrie von der Tribüne.

„Lauf!", brüllte Mary-Kate. „Lauf!"

Ashley warf den Schläger hin und rannte zur ersten Base.

Mary-Kate beobachtete angespannt, wie der Ball im Outfield aufschlug. Einer der Feldspieler hob ihn auf und warf ihn zum ersten Baseman, einem großen, rothaarigen Mädchen.

„Hab dich!", schrie das Mädchen und berührte Ashley.

„Du bist draußen!", bellte der Schiedsrichter.

Ashley trottete zurück zur Bank. Mary-Kate tätschelte mitfühlend ihre Schulter. „Netter Versuch, Ash... äh Mary-Kate", sagte Mary-Kate.

„Klar. Ich hab's beinahe geschafft, stimmt's?", sagte Ashley.

Die Zwillinge grinsten sich an. Und plötzlich fühlte Mary-Kate sich besser.

Selbst wenn wir das Spiel nicht gewinnen, hat Ashley heute wenigstens einen guten Tag gehabt, dachte sie. *Also was soll das mit meinem Ruf? Ich sag einfach allen, dass ich heute nicht gut drauf war. Selbst bei Spitzenspielern kommt das mal vor. Stimmt's?*

Sie schob die Baseballmütze in die Stirn.

„Auf geht's!", brüllte sie.

Am Ende des neunten Innings stand es unentschieden, die *Bashers* waren dran – und die Bases alle besetzt.

Max betrachtete die aufgestellten Spieler und schauderte.

„Du siehst aus, als wolltest du jemanden beleidigen, Max", kommentierte Ashley. „Was ist denn faul?"

„Deine Schwester Ashley ist als Nächste dran", sagte Max verdrossen.

Ashley warf Mary-Kate einen Blick zu.

Mary-Kate verschränkte die Arme. „Du solltest mich erst beurteilen, nachdem du mich spielen gesehen hast", schnappte sie. Dann griff sie nach ihrem Schläger und ging aufs Spielfeld.

Ashley beobachtete, wie Mary-Kate sich mit dem Schläger aufwärmte. Sie konnte hören, wie ihre Mannschaftskameraden murmelten.

„Oh, toll", sagte Natasha Sims. „Die Bases sind besetzt – und ratet mal, wer dran ist. Ashley Burke!"

Quincy Parker schüttelte den Kopf. „Das war's. Jetzt machen sie Hackfleisch aus uns."

Ashley biss sich auf die Lippe. *Bin ich wirklich so schlecht?*, überlegte sie.

Plötzlich sah sie, dass Carrie aufstand und zu ihnen hinüberrannte.

„Hey, Leute!", rief sie dem Team zu. „In einer Donutfabrik haben sie mehr Teamgeist als bei euch. Feuert Ashley an!"

Die *Bashers* starrten Carrie an, als sie anfing zu jubeln: „Ash-ley! Ash-ley! Ash-ley!"

Die *Bashers* zuckten mit den Schultern. Dann begannen sie ebenfalls zu jubeln.

„Ash-ley! Ash-ley!"

Carrie wandte sich den Zuschauern zu und bedeutete ihnen mitzumachen.

„Ash-ley! Ash-ley!"

Ashley schaute sich um. Alle riefen begeistert ihren Namen – selbst Pokey Valentine!

Wow, dachte Ashley. *Ich weiß, dass sie eigentlich Mary-Kate zujubeln, aber was soll's? Es ist einfach super!*

Auf dem Spielfeld wurde es mäuschenstill, als Mary-Kate den Schläger umklammerte. Ashley konnte sehen, dass sie den Pitcher wütend anfunkelte. *Sie versucht, ihn fertig zu machen*, vermutete Ashley.

Der Pitcher nickte dem Catcher zu. Dann holte er aus und schleuderte den Ball los.

„Super!", murmelte Max. „Ein Dreher!"

Ashley schaute angespannt zu. Sie erinnerte sich, dass Mary-Kate Carrie nach Drehern beim Pitchen gefragt hatte. Würde Mary-Kate sich daran erinnern, was Carrie ihr beigebracht hatte?

Mary-Kate schwang den Schläger.

Krach! Er traf den Ball erstklassig.

Der Ball sauste über den Kopf des Pitchers und segelte direkt auf die Tribüne zu!

„Lauf!", schrie Carrie. „Lauf zur Home-Plate!"

„Lauf!", wiederholte Ashley.

Alle sprangen auf, als Mary-Kate zur ersten Base rannte, dann zur zweiten und zur dritten. Die Menge raste, als die anderen Teammitglieder einer nach dem anderen zur Home-Plate rannten.

„Großartig", schrie Jessica.

„Ashley hat den Tag gerettet!", jubelte Max.

Nein, dachte Ashley. *Carrie und Mary-Kate haben es getan ... aber ich krieg die ganzen Lorbeeren.*

Ich glaube, so langsam gefällt mir das Spiel!

16. Kapitel

„He, Leute", sagte Kevin, als die Zwillinge und Carrie ins Wohnzimmer marschierten.

Er sah von den Papieren auf, die er gerade korrigierte. „Wer hat das Spiel gewonnen?"

„Wir", sagte Mary-Kate. „Und Ashley hat den Siegtreffer gelandet."

„Klar", sagte Ashley. „Durch einen geraden weiten Schlag durch die Mitte."

Kevin sah die Mädchen misstrauisch an. „Weiter Schlag durch die Mitte?"

„Der Ball wird so geschlagen, dass man zur ersten Base laufen darf", erklärte Carrie.

„*Ich* weiß, was das ist", sagte Kevin. „Aber Ashley nicht."

Die Zwillinge sahen sich an und lachten.

„Reingelegt!", sagten sie gleichzeitig. Dann zogen sie ihre Namensschildchen ab und tauschten sie.

Kevin kniff ein wenig die Augen zusammen. „Hey! Habt ihr euch etwa so was wie einen Zwillingsscherz erlaubt?"

„Hör zu, Dad", sagte Ashley. „Ich weiß, dass in den Filmen immer der mieseste Schlagmann durchkommt, aber ich bin *wirklich* miserabel. Und auf diese Weise bin ich zum Helden geworden!"

Kevin stand vom Sofa auf. „Aber du bist eigentlich nicht der Held. Mary-Kate hat den Treffer gelandet."

„Okay, okay, ich hab was zu beichten", sagte Carrie und hob ergeben die Hand. „Das Ganze war meine Idee."

Kevin runzelte die Stirn. „Carrie, die Zwillinge sollten nicht dazu ermutigt werden, solche Spielchen zu machen. Es ist gemein! Es ist unehrenhaft! Es ist ..."

„Und wenn schon, Herr Professor", unterbrach Carrie. „Wem hat das geschadet? Außerdem hatte Ashley einen tollen Tag. Sie müssen zugeben, dass das eine gute Idee war."

Kevin presste die Lippen zusammen. Die Zwillinge starrten ihn beunruhigt an.

„Glaubst du, dass er Carrie wieder feuern wird?", flüsterte Ashley Mary-Kate zu. Carrie hatte ihnen erzählt, dass sie in der ersten Woche gefeuert und wieder angeheuert worden war.

Dann kroch langsam ein Lächeln über Kevins Gesicht.

„Schätze, es war obendrein auch noch ziemlich clever." Kevin gluckste. „Wir sollten das nicht zur Gewohnheit werden lassen, aber – danke, Carrie."

„Nicht der Rede wert, Professor Burke", sagte Carrie.

Mary-Kate und Ashley sahen sich erleichtert an. Carrie musste nicht gehen.

„Hey, ist das meine Arbeit, die Sie da gerade korrigieren?", fragte Carrie. Sie beugte sich über den Papierstoß in Kevins Hand und deutete auf eine seiner Bemerkungen. „Können wir nicht noch mal darüber reden? Hier habe ich nämlich gemeint ..."

Sieht aus, als ob sie sich wie zu Hause fühlt, dachte Ashley, als sie die beiden beobachtete.

Mary-Kate hatte offensichtlich das Gleiche gedacht. „Sie ist wie ein Teil der Familie", flüsterte sie und grinste Ashley an.

Ashley erwiderte das Grinsen. Carrie war praktisch bereits ein Teil der Familie. Und es war verblüffend, wie gut sie zu ihnen passte. Es war beinahe so, als ob sie alle nur darauf gewartet hätten, dass sie auftauchte.

Nun gehörte sie dazu – und das machte sie alle zu einem unschlagbaren Team!

Ende

Und zum Schluss ...

haben wir noch ein paar allgemeine Vorschläge und Tipps für dich! Hast du eine Sache erledigt, kannst du sie durchstreichen und dich auf den nächsten Punkt stürzen.

- Veranstalte eine große Räumungsaktion in deinem Zimmer. Wir meinen wirklich eine große! Sortiere Kleider, Schuhe, alte Schulbücher, Plüschtiere, Spiele, einfach alles! Behalte nur das, was dir wirklich am Herzen liegt. Es ist einfach super, wenn nicht überall nutzloses Zeug herumliegt. Was du nicht benutzt, brauchst du auch nicht! Ein paar Erinnerungsstücke reichen, den Rest verpackst du am besten in Kartons.

- Pflege deine Nägel vier Wochen lang besonders intensiv und schau dir an, wie toll sie danach aussehen! Feile sie einmal pro Woche in Form, massiere täglich Handcreme ein und entferne den Nagellack, sobald er brüchig wird.

- Klebe Fotos deiner Familie und deiner Freunde in Fotoalben oder selbstklebende Hefter ein. Es macht später einen Riesenspaß, die alten Bilder anzuschauen und in Erinnerungen zu schwelgen. Bitte deine Freunde, unter ihre Fotos witzige Bemerkungen zu schreiben.

- Führe ein Tagebuch. Es ist interessant, ein paar Jahre später in deinem Tagebuch zu lesen, wie du die Dinge früher gesehen hast. Außerdem ist es ein guter Weg, mit deinen Problemen umzugehen. Ein Tagebuch ist wie eine beste Freundin: Es behält alle deine Geheimnisse für sich und hilft dir, im Leben besser klarzukommen!

LÖSUNGEN

Fehlerbild Seite 52

Bilderpuzzle Seite 68

F-I-L-M-S-T-A-R

Gitterrätsel Seite 69

M	Q	F	R	I	J	H	C	Z	V	J	T	C	E	P
P	A	O	A	E	D	A	O	L	E	U	N	A	M	P
A	S	R	R	Z	M	E	E	J	O	R	D	A	N	E
S	D	E	Y	P	E	D	T	I	E	E	N	H	O	C
W	M	N	B	K	K	N	A	M	R	G	S	L	P	D
Y	V	E	A	E	A	I	M	I	Y	E	H	I	E	E
J	L	H	L	M	J	T	B	C	D	C	L	V	L	Y
L	A	M	Y	R	A	S	E	H	N	H	O	A	E	E
T	D	N	R	O	N	I	R	E	E	N	R	L	V	P
S	Z	B	E	X	A	R	O	L	W	D	H	P	Q	I
M	U	X	H	Y	P	K	X	L	U	S	Z	H	E	Z
K	I	M	C	A	N	A	D	E	A	A	B	O	X	W
K	C	S	M	R	I	L	E	Y	A	R	R	E	I	S
O	E	J	T	E	Y	R	R	A	L	T	L	B	D	A
P	E	R	R	Y	R	F	G	S	H	A	Q	E	P	D

So, das war's von uns. Wir hoffen, unser Buch hat dir Spaß gemacht und unsere Tipps und Anregungen haben dir weitergeholfen.

Bis bald und alles Liebe,

Mary-Kate Ashley

mary-kateand

Band 2, ISBN 3-8332-1111-3

Band 1, ISBN 3-8332-1110-5

Band 3, ISBN 3-8332-1134-2

Band 4, ISBN 3-8332-1190-3

Band 5, ISBN 3-8332-1191-1

Band 1, ISBN 3-8332-1254-3